中国网球运动发展策略研究
—— 以精英后备人才、教练员培养与体教融合推进为视角

雷正方　杨成波　刘　青　著

西南交通大学出版社
·成都·

图书在版编目（CIP）数据

中国网球运动发展策略研究：以精英后备人才、教练员培养与体教融合推进为视角 / 雷正方，杨成波，刘青著. — 成都：西南交通大学出版社，2022.9
ISBN 978-7-5643-8921-5

Ⅰ. ①中… Ⅱ. ①雷… ②杨… ③刘… Ⅲ. ①网球运动 – 发展 – 研究 – 中国 Ⅳ. ①G845

中国版本图书馆 CIP 数据核字（2022）第 170226 号

Zhongguo Wangqiu Yundong Fazhan Celue Yanjiu
——Yi Jingying Houbei Rencai、Jiaolianyuan Peiyang yu Tijiao Ronghe Tuijin Wei Shijiao

中国网球运动发展策略研究
——以精英后备人才、教练员培养与体教融合推进为视角

雷正方　杨成波　刘 青　著

责任编辑	张　波
封面设计	原谋书装
出版发行	西南交通大学出版社 （四川省成都市金牛区二环路北一段 111 号 西南交通大学创新大厦 21 楼）
邮政编码	610031
发行部电话	028-87600564　028-87600533
网址	http://www.xnjdcbs.com
印刷	成都蜀通印务有限责任公司
成品尺寸	170 mm×230 mm
印张	13
字数	225 千
版次	2022 年 9 月第 1 版
印次	2022 年 9 月第 1 次
书号	ISBN 978-7-5643-8921-5
定价	65.00 元

图书如有印装质量问题　本社负责退换
版权所有　盗版必究　举报电话：028-87600562

前　言

网球作为我国社会普及程度较高而竞技水平相对落后的运动项目，在职业赛场和奥运赛场都取得过令人瞩目的优异成绩。自李娜、郑洁等一批顶尖女子网球运动员退役之后，我国职业网球面临国际网球赛事突破艰难和竞技网球发展前景堪忧的现实困境。尽管，张之臻、吴易昺、张帅、王蔷等运动员在国际网球赛场上为国拼搏且取得了一些不俗的运动成绩，但是，与李娜、郑洁等网球前辈所取得的辉煌成就相比还存在一定的差距，且这些成绩对比中国竞技网球的大满贯和奥运目标还有较大差距。面对精英网球后备人才严重不足、竞技水平低位徘徊的现实，中国网球协会相继采取了多项措施，如国家队面向社会选拔后备队员、举办国际青少年分站赛、启动中国精英网球后备人才培养计划等，推动精英网球后备人才培养工作的逐步开展，但以上措施对破解多方主体的人才培养观念、解决存在于体制和机制矛盾的作用尚未显现。不解决当前中国精英网球后备人才培养所面临的人才储备萎缩、市场资源匮乏、赛训经费不足、学训矛盾激化以及培养模式单一等难题，中国竞技网球就难以实现做大做强，也无法实现稳定持续发展。

网球教练员是网球运动训练活动的组织者、引导者和参与者，网球教练员素质能力和业务水平直接影响网球运动员的训练质量和培养效果，更关系到中国网球运动的持续发展。网球教练员中的精英网球教练员培养已成为提高中国竞技网球运动水平的关键环节，更是影响我国竞技网球再次突破的重要因素之一。近年来，中国网球协会也通过与国外网球协会进行交流和学习，开展了有关精英网球教练员培训教育等的相关工作，提高和加强我国精英网球教练员的训练理念、方法手段、管理能力等素质能力，但是，我国精英网球教练员队伍的建设和发展仍然存在诸多的困难与难题，如中青年网球教练员社会生存压力大、部分网球教练员学历水平与实际业务水平不一致、优秀网球教练员人才流失严重等。因此，培养高素质的中国精英网球教练员队伍，是实现奥运争光计划、稳步实现和促进中国竞技网球运动发展的重要保证，也是我们当前所面临的一项紧迫任务。

2020年9月，国家体育总局和教育部联合印发了《关于深化体教融合 促进青少年健康发展的意见》（后文简称《意见》），该文件彰显了两部门对体教融合工作的高度重视。《意见》指出：确立学校体育的主体地位，旨在通过加强学校体育建设，推动青少年文化学习和体育锻炼协同发展，完善青少年体育赛事体系，帮助学生在体育锻炼中享受乐趣、增强体质、健全人格、锤炼意志，培养德智体美劳全面发展的社会主义建设者和接班人。《意见》的出台，为我国竞技网球和学校网球改革与发展提供了指导方针，然而，我国网球项目在体教融合发展过程中却存在发展后劲不足、体教融合深度广度不够、学校招生过程异化、校园网球活动不活跃、后备人才培养质量下降以及精英后备人才储备出现断层等诸多问题。由此，在新的形势下，中国网球切实立足于新时代中国教育现代化和体育事业转型发展背景，积极迎合体教融合发展机遇，主动响应体教融合政策推进导向，稳步推进网球项目体教深度融合发展，对实现网球后备人才培养与夯实网球运动发展基础等都具有深刻意义和极大价值。

基于以上原因，本研究着眼于体育强国与健康中国战略的目标导向，立足于中国竞技体育与网球事业发展的现实需求，从精英网球后备人才、精英教练员和体教融合推进为主要视角，利用文献资料、专家访谈、实地考察和个案分析等研究方法，系统分析当前我国精英网球后备人才、精英网球教练员以及网球项目体教融合发展的现状、问题及其原因，并有针对性地提出今后我国精英网球后备人才、精英网球教练员培养以及体教深度融合发展的路径、谏言与对策。由此，为破解我国精英网球人才储备和体教融合发展的实践困局提供学理分析视角与实证调研依据，为推进我国网球事业改革与创新发展提供理论参考，为"十四五"时期我国网球事业的政策制定与调整提供学术借鉴，为进一步助力体育强国和健康中国战略实现贡献网球力量。

本书基于中国网球协会决策咨询研究项目"我国精英网球后备人才培养策略

研究""我国精英网球教练员培养策略研究"和"'十四五'时期网球项目体教融合推进策略研究"的部分成果，主要由三个部分组成：第一篇为精英网球后备人才培养策略研究，主要研究精英网球后备人才培养的现实缘由、现状问题、国外借鉴，以及路径对策等；第二篇为精英网球教练员人才培养策略研究，主要研究精英网球教练员培养的素质与能力目标、培养现状与问题、国外培养特征与启示，以及我国精英网球教练员人才培养的路径与策略等；第三篇为网球项目体教融合推进策略研究，主要包括体教融合政策精神的解读，网球项目体教融合的价值导向、问题审视、个案分析、路径选择与策略推进等。其中，精英网球后备人才和精英网球教练员培养是竞技网球人才储备的关键，关乎中国网球发展的"高度"；而网球项目体教融合是加强普通网球后备人才培养的重要方式，关乎中国网球发展的"广度"，是精英网球人才培养的基础和前提。就其关系而言，精英网球后备人才与精英网球教练员培养发挥着导向引领作用，而网球体教融合发挥着基础支撑作用，两者既相互制约又互为促进。本研究以此为主要视角系统探讨中国网球事业发展的现实难题与建议策略。

  本专著由雷正方、杨成波和刘青合作完成。相关项目研究过程中得到了国家体育总局网球运动管理中心、中国网球协会以及成都体育学院的全力资助与大力支持。在课题调研与论证过程中受到了部分省市网球协会管理人员、网球运动学校管理人员、知名网球教练员与运动员等众多界内人士的悉心指导与鼎力帮助，在此表示衷心感谢！望本书研究成果能为我国精英网球后备人才与精英网球教练员人才培养提供参考，为稳步推进网球项目体教融合和中国网球事业持续发展提供借鉴。受作者水平所限，本书的错漏在所难免，望各位专家同仁批评指正。

作　者
2022 年 5 月

目 录

第一篇　精英网球后备人才培养策略研究

第一章　精英网球后备人才概念界定与规律借鉴 ·················· 3
　　第一节　基本概念界定 ··· 3
　　第二节　精英网球后备人才规律借鉴 ······································ 6

第二章　我国精英网球后备人才培养缘由 ································ 10
　　第一节　奥运争光计划的时代使命 ··· 10
　　第二节　人才培养模式的创新发展 ··· 11
　　第三节　中国网球发展的现实需要 ··· 12

第三章　我国精英网球后备人才培养现状及其致因 ·················· 14
　　第一节　培养体制 ··· 14
　　第二节　参与主体 ··· 17
　　第三节　人才储备 ··· 20
　　第四节　培养保障 ··· 21
　　第五节　文化教育 ··· 23

第四章　国外精英后备人才培养的经验借鉴 ···························· 26
　　第一节　国外精英后备人才培养共性特征 ······························· 26
　　第二节　国外精英后备人才培养个性特征 ······························· 31
　　第三节　国外精英后备人才培养启示 ······································ 38

第五章 我国精英网球后备人才培养的路径对策 …… 41
第一节 更新精英网球后备人才培养发展理念 …… 41
第二节 完善精英网球后备人才培养发展机制 …… 43
第三节 丰富精英网球后备人才文化教育形式 …… 48
第四节 优化精英网球后备人才服务保障体系 …… 50
第五节 打造精英网球后备人才造星工程计划 …… 54

第二篇 精英网球教练员人才培养策略研究

第六章 精英网球教练员培养的概念界定与模式借鉴 …… 60
第一节 基本概念界定 …… 60
第二节 培养模式借鉴 …… 63

第七章 精英网球教练员的素质标准与发展目标 …… 67
第一节 素质标准 …… 67
第二节 发展目标 …… 71

第八章 我国精英网球教练员人才培养现状与问题分析 …… 76
第一节 培养目标 …… 76
第二节 人才结构 …… 77
第三节 素质能力 …… 79
第四节 保障机制 …… 82

第九章 国外精英网球教练员培养特征与启示 …… 84
第一节 国外精英网球教练员培养特征 …… 84
第二节 国外精英网球教练员培养启示 …… 87

第十章 我国精英网球教练员人才培养路径与策略 …… 90
第一节 健全组织管理制度 …… 90
第二节 完善教育培训体系 …… 93

第三节　建立激励保障机制……………………………………96

第四节　实施重点工程计划……………………………………99

第三篇　网球项目体教融合推进策略研究

第十一章　体教融合指导意见的精神解读与价值导向……………108
第一节　发展目标………………………………………………108
第二节　发展原则………………………………………………111
第三节　价值导向………………………………………………113

第十二章　网球项目体教融合发展问题分析………………………116
第一节　观念认识问题与分析…………………………………116
第二节　参与主体问题与分析…………………………………120
第三节　赛事活动问题与分析…………………………………132
第四节　资源保障问题与分析…………………………………142

第十三章　网球项目体教融合个案分析……………………………149
第一节　案例一…………………………………………………149
第二节　案例二…………………………………………………151
第三节　案例三…………………………………………………155

第十四章　网球项目体教融合发展路径……………………………158
第一节　更新网球体教融合发展理念…………………………158
第二节　促进网球体教融合主体参与…………………………161
第三节　加强网球师资队伍培养………………………………163
第四节　推进网球体教融合赛事发展…………………………165
第五节　推动学校与社会力量密切协作………………………169

第十五章　网球项目体教融合发展推进策略………………………172
第一节　加强学校网球工作……………………………………172

第二节 完善网球赛事体系 …………………………………… 174
第三节 提升社会网球服务 …………………………………… 177
第四节 促进网球人才培养 …………………………………… 179
第五节 加强师资队伍建设 …………………………………… 182
第六节 推进网球文化建设 …………………………………… 184
第七节 推进工作保障措施 …………………………………… 186

后　记 ……………………………………………………………… 188

附　录 ……………………………………………………………… 190

参考文献 …………………………………………………………… 194

第一篇

精英网球后备人才培养策略研究

精英网球运动员蕴藏着宝贵的竞技价值和精神力量，代表着国家的最高竞技网球实力和水平，具有精神引领和榜样示范等价值作用。当前，面对我国精英网球后备人才严重不足、竞技水平低位徘徊的现实，中国网球协会相继采取了如国家队面向社会选拔后备队员、举办国际青少年分站赛、启动中国精英网球后备人才培养计划等多项措施，但人才储备萎缩、市场资源匮乏、赛训经费不足、学训矛盾激化以及培养模式单一等的问题并未能彻底解决。不解决影响精英网球后备人才培养的难题，中国竞技网球就难以实现做大做强，无法实现稳定持续发展。新时代中国竞技网球的发展应明确精英后备人才培养的价值导向，推进精英网球后备人才培养机制创新，积极营造良好市场氛围，大力加强网球专业人才梯队建设，增加精英网球后备人才储备，突破我国竞技网球项目瓶颈，推进中国竞技体育均衡协调发展，促使中国竞技网球做大做强。鉴于此，本篇主要从中国精英网球后备人才培养的现实情况出发，分析我国精英网球后备人才培养过程中存在的现实问题，深入分析深隐于问题背后主要原因，借鉴竞技网球强国精英后备人才培养经验，以此为基础提出中国精英网球后备人才培养的对策建议。

本篇以我国精英网球后备人才的培养为主要研究对象，以地方体育局网球项目管理人员、网球教练员、部分运动员和家长等为调查对象，通过明确我国精英网球后备人才培养的现实缘由，分析中国精英网球后备人才培养存在的问题与其原因，借鉴国外精英网球后备人才培养的模式经验，有针对性地提出当前我国精英网球后备人才培养的对策谏言。本篇采用文献资料法以"精英""精英人才""精英后备人才"和"网球后备人才"等为主题词，查阅中国知网数据库相关文献，最终筛选30余篇论文为核心参考文献，为研究论证提供文献支撑与理论参考；采用实地考察法走访和调查了上海、浙江、四川、云南等地区的网球运动管理部门、网球训练基地和部分网球俱乐部，以了解当前我国精英网球后备人才培养过程中存在的现实问题与困难；采用专家访谈法，针对精英网球后备人才的培养发展理念、人才培养模式、文化教育形式和服务保障体系等的现状与问题对策，分别对网球运动管理中心相关部门领导、高水平网球教练员、地市区网球协会管理者、俱乐部管理人员等30余人进行了访谈。

第一章　精英网球后备人才概念界定与规律借鉴

第一节　基本概念界定

一、网球后备人才

关于人才的定义有很多，但就其本质的认识较为趋同，那就是充分强调人才的创造性、进步性和社会历史性的辩证统一。《现代汉语辞海》对"人才"的解释是：① 有能力和才智的人；② 指人们认识世界、改造世界的才智和能力[1]。《中国百科大辞典》对"人才"的解释是：① 广义的人才是指经过正规或非正规、系统或非系统、自我或环境的教育与训练，从而掌握了一定的知识，具有一定能力、专长和品德的人；② 狭义的人才是指具有较强的创造能力、对社会做出重大贡献的人[2]。关于"后备"的解释也有不同的表述，《现代汉语辞海》对"后备"的解释是："准备应用的"，"后备力量"泛指战时可以征集到军队服役的人员[1]；《现代汉语词典》的解释是：为补充而准备的（人员、物资等）[3]。在体育界内，"后备力量"和"后备人才"多用来指优秀运动队下属的青少年运动员。而"后备人才"

---

[1]《现代汉语辞海》编辑委员会.现代汉语辞海.北京：中国书籍出版，2003.

[2]《中国百科大辞典》总编委员会.中国百科大辞典.北京：中国大百科全书出版社，1990.

[3] 中国社会科学院语言研究所词典编辑室.现代汉语词典.第6版.北京：商务印书馆，2012.

一词更能涵盖青少年的成才之意，近年来在体育界已成共识并广泛应用。赵桂银认为："竞技人才是指在竞技体育领域内，专门从事运动训练和参加体育竞技比赛的人才"[1]。杨再准认为：广义上的竞技体育后备人才涵盖面较宽泛，包括运动员以及与体育工作有关的各类人才[2]。狭义上的竞技体育后备人才主要是指具有一定潜能的青少年运动员这一特殊群体。两者之间既有联系，又有区别。宋开有把体育后备人才定义为：在身体和心理上具有较高体育运动能力潜质、由后备人才培养机构（体育运动学校）、具有体育传统项目的中小学、体育社团等组织选拔进行业余体育训练的儿童或青少年[3]。结合上述研究参考，本书认为网球后备人才就是指具备一定网球运动天赋和竞技潜能，长期从事业余或专业网球训练和竞赛等活动的青少年运动员。

二、精英网球后备人才

在西方，"精英"一词源于拉丁语"ellgere"，意指"精选出来的少数"或"优秀人物"，于17世纪在法国开始使用。法语单词"élite"既可指一个精英分子，也可指社会中的精英阶层。据《牛津英语词典》的解释，1823年英语开始使用"精英"一词，拼写为"elite"，用来指称"社会集团"，既表示"精英、杰出人物、上层集团、掌权人物等"，也可用来形容"精英的、精锐的、最优秀的"[4]。中国古代"精英"一词有多种含义：一是指物之精髓，如《茶经》中有"以重浊凝其下，精英浮其上"之说；二指文章精粹，如《宋名臣奏议》中"聚古今之精英，实治乱之龟鉴"之表述；三指人和圣贤之人，如《朱子语类》中有"只是一个阴阳五行之气滚在天地中，精英者为人，渣滓者为物；精英之中又精英者为圣、为贤，精英之中渣滓者为愚、为不肖"[5]。此外，《辞海》中"精英人才"的定义是：指社会上具有卓越才能或身居上层地位并有影响作用的杰出人物，在一定社会里得到高度评价和合法化的地位，并与整个社会的发展方向有联系。精英散布于各行各业，如政治精英、学

---

[1] 赵桂银. 体育人才学[M]. 北京：人民体育出版社，1993：2.
[2] 杨再准. 中国竞技体育后备人才培养模式的研究[D]. 上海：上海体育学院，2002.
[3] 宋开有. 上海市网球后备人才培养模式的研究[D]. 上海：华东师范大学，2010.
[4] 程丽娜. 当代台湾地区精英嬗变研究[D]. 上海：华东师范大学，2011.
[5] 金一超. 论精英和精英教育的逻辑起点[J]. 高等理科教育，2008(6)：16-19.

术精英、商界精英、科技精英和体育精英等等。[1]此外，意大利社会学家兼经济学家帕累托认为：每个人在身体、智力和精神上都是独立的个体，具备一定的差异性，在某一相对的时代或时期内的社会内，在某一特定阶层或群体中，就会存在具有更高天赋的一类人或群体，这些就是所谓的"精英"，他们是社会某一领域中才能突出者[2]。由以上国内外关于"精英"含义的表述可看出，精英是指自然和社会各方面中出类拔萃、处于顶端的、最优秀的一部分群体，若置于人才领域中，精英则是指精英人才，是人才中的一部分，即最拔尖的、最优秀的、最杰出的人。精英人才的本质特征是精英性，这种精英性不能仅由成绩优异、能力非凡、技艺高超、贡献卓越等来描述，还特别表现在精英所特有的意识、精神和文化，一言以蔽之，"精英"具有质的特殊性。相关网球专家指出，普通网球后备人才与精英网球后备人才的培养目标是有区别和差异的，普通网球后备人才的培养目标是注重人才储备"量"的发展，而精英网球后备人才的培养目标则是重在人才储备"质"的提高。普通网球后备人才应注重竞技水平、运动成绩和文化教育，而"精英"网球后备人才不仅仅局限于竞技水平和运动成绩的突出，更应注重人才的"精英性"，尤其在精神文明、责任担当和榜样引领等方面的内涵体现与价值追求，以此真正突显出"精英"性后备人才特征和培养目标。正如法国、德国、英国、美国等国家在竞技体育精英人才培养的过程中首要考虑的是"全人"的培养，体育被作为育人的有效手段，而不是片面追求竞技成绩的短期"超群"。

基于对上述相关研究的参考，结合对国内网球专家的访谈调研，本研究对精英网球后备人才进行了概念界定，即精英网球后备人才是指曾获得全国青少年网球比赛（U10~U18）前8名、亚洲比赛前16名或者世界级比赛前32名等优异运动成绩，具备良好网球运动天赋、竞技网球发展潜力、职业网球竞争实力和积极榜样引领价值的顶尖青少年网球运动员。

---

[1]辞海编辑委员会.辞海.第6版.上海：上海辞书出版社，2010.
[2]帕累托（意）.普通社会学纲要[M].田时纲，译.北京：三联书店，2001：298.

第二节　精英网球后备人才规律借鉴

一、优势积累效应规律

精英人才的表现和成就是拔尖的、突出的和创新的，这些特性正是优势积累效应的结果，但此结果的获得不是一蹴而就的，不是"一锹挖个井，一口吃成胖"的，而是一定时间沉淀和优势积累的结果。辩证唯物论早已证明并阐释了在人类社会，任何人的知识、经验不是生来就具有的，必须通过学习和实践才能获得，必须遵循实践—认识—再实践—再认识的循环过程，这就是优势积累效应[1]。精英网球后备人才的培养也不例外，精英网球后备人才之所以在网球后备人才中表现得如此拔尖和突出，就是因为这些运动员在网球领域中具有身体、技术、心智或成绩等方面的明显优势，并在长期的系统训练中得以保持和加强，进而表现出"精英"的优势特征和发展潜能。精英网球后备人才的发展必须遵循优势积累效应规律，既要保证能力的"优势"特征，又要保障发展的"积累"效应：一方面，要通过合理的选材方式探别出网球后备人才的优势能力，使其表现出显著性和优势性特征；另一方面，要通过科学系统的训练竞赛活动促使网球后备人才的优势能力得到保持和强化，使其产生叠加和累积效应。马太效应证实了优势积累效应规律，即社会上任何个体、群体或地区，一旦在某一个方面（如金钱、名誉、地位等）获得成功和进步，就会产生一种优势积累，就会有更多的机会取得更大的成功和进步。精英网球后备人才的培养，就应该在弥补劣势能力的基础上保持和加强优势能力，使优势能力更加突出和多样，使优势继续累加并形成良性循环，从而提高精英网球后备人才整体能力，提升精英网球后备人才成才效率。师承效应是优势积累效应规律的另外一个证明。师承效应是指在人才教育和培养过程中，徒弟、学生一方的德识才学得到师傅、老师一方的指导与点拨，从而使学生在继承与创造过程中少走弯路，达到事半功倍的效果[1]，即阐释了"名师出高徒""强将手下无弱兵"的现象。对于精英网球后备人才的培养，教练员扮演着至关重要的角色，精英网球教练员的有力支持是培养精英网球后备人才的重要保障或前提，打造一批精英网球教练员是精英网球后备人才培养和成才的关键，精英网球后备人才的培养就需要发挥精英网球教练员对后备人才在树立正确价值理念、形成优良道德规范、养成合理生活习惯、从事刻苦运动训练和积极参与网球竞赛等方面的示范、指导和教育作用。

二、非均质化规律

人类世界与其他物种生态系统一样都具有多样性和非均质性特征，人的多样化丰富了人类世界的灿烂与精彩，自然的多样性造就了生态世界的绚丽与多彩。纵观世界上杰出人群的成长过程，没有唯一或固定的模式，而是诸多因素各自起作用、相互影响的复杂过程，表现出差异性和个性化特征。非均质化要求的非统一性、非标准化和非同质化特点，是精英人才培养的规律和规范要求，精英人才培养应该讲究非均质化人才特征和遵守非均质化成才规律。精英型或创新型人才，往往是富有活力、充满个性的一少部分人群，通常具备敢于质疑、挑战、试错的创新精神和具有独立、自主、自强的实践能力，与之对应，精英人才的培养也应需要自由发挥的空间、自主决定的权利和自由活动的范围，使其能够发挥和实现自我引导、自我控制、自我管理和自我发展[2]。对于网球运动来讲，个性化和多样性是网球运动与网球运动员的本质特征：一方面，职业化要求极高的网球运动本身就讲究个性化，表现出不同网球文化、不同民族地区、不同竞赛赛事和不同场地类型的多样性特点；另一方面，职业网球员的培养也讲究个性化发展，网球运动员表现出不同网球理念、不同打法类型、不同技术风格和不同身体能力的多样性特征，不同个性特点的网球运动员都可以达到世界网球顶尖水平并取得优异运动成绩。精英网球后备人才的成长有别于普通网球后备人才的培养，应从网球运动项目规律出发，遵守精英运动员的个性化发展特征和非均质化培养规律，积极

---

[1] 王通讯. 人才成长的八大规律 [J]. 决策与信息，2006（5）：53-54.
[2] 汪睿. 当代中国大陆高校精英人才培养模式研究 [D]. 武汉：武汉大学，2015.

倡导因材施教、非均质化和非统一化的培养理念和方式，努力发挥精英网球后备人才的特殊性、创造性、独立性和自主性等特点。精英网球后备人才的竞技能力特点相比于普通网球后备人才是不尽相同的，尤其在技术、战术、意识、心理和体能等方面均具有特殊性或差异性，每个运动员都拥有个性化优势和长处，对其培养和教育方式就应有所区别，就如著名教育家蔡元培先生所言："教育者，与其守成法，毋宁尚自然；与其求划一，毋宁展个性。"因此，精英网球人才的培养和成长应遵循非均质化规律，充分尊重其个体差异性，应选用科学的精英网球人才选材方法与多样选拔形式，应采用适宜的精英网球人才培养模式，采取多元的精英网球人才激励措施和评价方式，以促进精英网球后备人才的自由充分和全面发展。

三、最佳年龄规律

最佳年龄规律是不同领域人才取得一定事业成就或行业成绩普遍存在的共性特征，是人才培养或成长所遵循的普遍性规律，此现象与人的生理和心理发育成熟时间有关，此年龄段人的身心日趋成熟完善、精力充沛、思维活跃、勇于进取、敢于质疑，且有一定的实践经验，是进行创造性活动的最佳年龄阶段。根据医学研究界定，18~25岁是一个人生长发育的青年期阶段，该阶段发育基本结束，但功能并不稳定，过了25岁以后人的生理将处于一个10年左右的平衡维持期，然而，这个平衡维持期却是一个人成长的黄金时期，也是从事创造创新活动的黄金时期。有学者对公元1500年至1960年全世界1 249名杰出的自然科学家和1 928项重大科学成果的基本信息进行了统计，发现这些科学家发现自然科学规律的最佳年龄区是25~45岁，这个年龄段是研究者工作最为活跃且深入的高峰期。在竞技体育领域中只有那些具有"天赋"的运动员，才能最终攀登上世界体坛的高峰，运动员的成才也存在最佳年龄规律的特征，竞技体育后备人才训练的年龄特征既具有同一性也具有差异性，尤其不同项目类型运动员的始训年龄和成才年龄也都不尽相同。我国竞技体育后备人才男子运动员的始训年龄约为8.7岁，女子则约为7.9岁，成才年龄男子通常为21.3岁，女子则为18.1岁；然而，我国竞技体育后备人才的始训和成才年龄也因项群不同具有差异性特征，如从事体操、艺术体操和跳水等技能主导类表现难美性项群运动员的始训年龄和成才年龄比从事游泳、田径等体能类项群运动员平均要小 5 岁左右[1]。技能主导类项群的网球运动也存在运动员成才的最佳年龄规律现象，相关研究表明世界优秀网球运动员成才年龄主要集中在 24~30 岁。如 2021 年 7 月 ATP 世界排名前十运动员的平均年龄是 27.6 岁，WTA 世界排名前十运动员的平均年龄是 24.5 岁；著名网球运动员费德勒获得第一个大满贯冠军的年龄是 22 岁，且在 37 岁时又重返世界第一的宝座，成为网球历史上最年长的世界第一；著名网球运动员李娜是我国第一个荣获两次大满贯冠军的网球运动员，她在 29 岁时获得第一个大满贯冠军，在 32 岁又一次荣获大满贯冠军；著名网球选手纳达尔在 36 岁时获得了个人第 22 个大满贯冠军。总体来看，网球运动员获得优异成绩和最高成就的年龄特征都表现出符合最佳年龄规律的现象，这主要与此年龄阶段运动员的技术、身体、心理和经验等日趋成熟完善等密切相关。

---

[1] 田麦久. 运动训练学 [M]. 北京：人民体育出版社，2006.

第二章 我国精英网球后备人才培养缘由

第一节 奥运争光计划的时代使命

"奥运争光"一直是我国体育长期发展的重要使命和核心任务,"奥运争光计划"是伴随"奥运战略"的实施而出现的具有滚动实施性质的纲领性文件,是以在奥运会上争夺金牌为目标的竞技体育发展指导计划。历年来我国"奥运争光计划"在具体实施过程中都提到要在完善"一条龙"训练管理体制的基础上,实施后备人才工程建设,加强后备人才梯队建设,做好年龄与水平的衔接。新时代我国从"体育大国"到"体育强国"建设的伟大进程,依然要发挥和巩固奥运争光的时代价值,要加强和保持竞技体育的引擎作用。国家体育总局局长在2019年全国体育局长会议上也提出了备战2020年东京奥运会、2022年北京冬奥会和2022年卡塔尔世界杯预选赛三大重要任务。这三大攻坚任务的核心目标就是要提升竞技体育的综合竞争力,要捍卫我国竞技体育的国际地位,要积极发挥竞技体育在现代化强国建设进程中的历史作用,也为新时代竞技体育的发展赋予了新的任务和要求[1]。中国网球曾经在奥运会赛场上创造了历史性的突破,中国竞技网球的傲人成就全面促进了网球运动在我国的快速普及与发展,也带动了中国群众网球事业的快速推进。在新的奥运任务面前,中国网球应深刻领会新发展理念,确定"以备战促改革,以改革助备战"的思路,积极创新奥运备战模式,高效组织奥运管理运行机制,打造复合型奥运备战团队,稳扎稳打做好奥运备战工作,要极力发挥好中国竞技网球的价值引领和辐射作用,需全面夯实中国竞技网球后备

---

[1] 杨国庆. 论新时代中国竞技体育新发展 [J]. 体育文化导刊,2019(3):11-16.

人才的储备基础，应不断完善中国精英网球后备人才的培养机制和政策推进举措，由此，积极响应新时代奥运争光计划的时代使命与历史需求。

第二节　人才培养模式的创新发展

随着世界竞技体育的不断发展，各民族与国家在竞技体育方面的竞争也变得越发激烈，其中，对竞技体育人才的培养和储备已成为竞技体育竞争的关键，尤其是精英人才的培养和精英后备人才的储备成为各国保持竞技体育实力的重要前提。长期以来，举国体制下的"金字塔"多级体制是我国竞技体育后备人才最重要的培养体制，尽管，"金字塔"多级培养体制为我国培养出了一批批优秀的运动员，为我国竞技体育的发展做出了重要贡献，但是，该体制逐渐表现出与体育市场化和职业体育发展等不相适应的现象与问题。这样的现象和问题在足球、网球等职业化较为充分的运动项目中表现得尤其突出与明显。如今，我国网球项目精英后备人才的培养出现了瓶颈，在项目职业需求紧迫、市场资源匮乏、赛训经费不足、学训矛盾激化、利益需求不一以及培养模式单一等的多种因素影响下，传统的培养模式已逐渐不适用于精英网球后备人才的储备与成长，在一定程度上制约了我国竞技网球的持续、健康发展。调整或优化我国精英网球后备人才的培养模式迫在眉睫、至关重要，培养模式的创新发展则成为必由之路。然而，随着家庭培养模式，体教融合模式和政、校与社协同培养模式的兴起和发展，这些模式已为精英网球后备人才的培养模式优化提供了方向和参考，尤其是体教融合模式也许更符合我国实际体制、国情和网球现实发展需求。"体教融合"模式是将体育作为培养健全人格的重要手段，将体育后备人才的培养融入教育中，以促进后备人才的全面发展。体教融合为竞技体育的发展提供更丰厚的土壤，有利于社会体育资源的充分利用，有利于体育事业的可持续发展，是大力推进素质教育、培养竞技体育后备人才的必然趋势，是建设体育强国的根本途径[1]。2019年12月，

---

[1]杨国庆.我国竞技体育后备人才多元化培养模式与优化策略[J].上海体育学院学报，2017，41（6）：17-23.

国家体育总局局长作题为《坚定不移走中国特色社会主义体育发展道路不断推进体育治理体系和治理能力现代化》的工作报告，报告指出："深化体教融合，做好青少年体育工作，积极推动国家早日出台有关深化体教融合促进青少年健康发展的政策性举措。"对于我国竞技网球项目而言，不断促进体教融合的广度和深度是优化精英后备人才培养和促进青少年网球发展的重要路径之一。

第三节 中国网球发展的现实需要

中国网球运动的发展跌宕起伏，自李娜、郑洁等一批顶尖女子网球运动员退役之后，我国网球运动员在职业赛场上成绩平平，精英后备人才整体突破乏力。根据相关研究数据[1]得知：2015年至2018年我国青少年网球运动员参加全国U系列赛的人数最多的时候仅有554人，包括下一季度退赛及新人赛人数变动为200人。以2018年为例：年度参赛运动员中，女子运动员人数为262人，其中新人赛运动员128人，约占总人数的50%；男子运动员278人，其中新人赛运动员123人，约占总人数的44%。同时，国际赛事的成绩也不理想，据2020年国际网球联合会官方数据显示，中国青少年网球运动员进入世界排名前100的仅有4名，进入世界排名前300的仅有15名，进入世界排名前1 000的才45名，且我国青少年运动员积分排名与国外高水平运动员之间还存在较大的差距，说明我国网球青少年运动员缺乏国际竞争力。从每年我国青少年网球运动员注册人数的增长情况来看，2019年网球运动管理中心注册的运动员共1 694人，同比增长率仅有15.1%，较2016年同比增长率的69.1%下降了近54%，创近5年来青少年网球运动员注册人数同比增长率最低值。此外，从近年入选国家队后备人才的人数看，2021年共计23人，2020年共计11人。在当前我国青少年网球后备人才储备不足的情况下，对精英网球后备人才的培养显得格外重要。精英网球运动员本身蕴藏宝贵的竞技价值和精神力量，不仅能够代表国家的最高竞技实力和创造运动成绩，而且还具

---

[1] 杨成波，郭建华，杜娟，等. 中国竞技网球后备人才培养策略研究 [J]. 体育科学，2020，40（8）：49-57.

有引领、榜样等精神价值和作用。尽管，张之臻、吴易昺、张帅、王蔷等国手在国际网球赛场上为国拼搏且取得了一些不俗的运动成绩，但是，与李娜、郑洁等网球前辈所取得的辉煌成就相比还存在一定的差距，且对比中国竞技网球的大满贯和奥运目标还任重而道远。进入新时代中国网球的发展应明确发展价值导向，积极融入体育强国建设战略，发挥政治、经济和文化的多元价值功能，为竞技体育的战略升级和任务转向发挥力量。中国网球的发展应全面提升竞技实力，推进竞技体育均衡全面发展，积极补强综合竞技实力，加强网球专业人才梯队建设，增加精英网球后备人才储备，突破竞技网球项目瓶颈，促使中国竞技网球做大做强，以促进中国竞技体育均衡协调发展。

第三章　我国精英网球后备人才培养现状及其致因

第一节　培养体制

一、精英网球后备人才培养目标不全面

当前我国精英网球后备人才培养目标过于单一，精英网球后备人才"精英性"培养的精神文明、榜样引领和民族担当等目标导向和精神价值严重缺失，其主要原因与认识理解偏差和片面注重运动成绩有关，导致精英网球后备人才培养导向偏差，不利于精英人才培养的持续发展和稳步推进。

其一，对精英网球后备人才的内涵认识存在偏差，使精英人才培养目标导向产生偏离。调查发现更多的教练员和家长对精英网球后备人才的认识仅停留在运动成绩层面，对其"精英性"价值或内涵理解存在偏差和扭曲，对后备人才"精英性"的认识不充分、不全面，尤其缺乏对精神文明、责任担当和榜样引领等方面的内涵体现与价值追求，与真正突显出"精英"性后备人才特征和培养目标相背离，导致精英网球后备人才培养目标的分离与泛化，不能明确引导人才培养的过程和方式。

其二，精英网球后备人才培养仅注重成绩目标，使精英人才培养急功近利现象突出。在一定时期内我国竞技体育是金牌夺标单一目标导向，在此特殊的历史发展背景和金牌目标导向的影响下，运动员的运动成绩成为最主要的发展目标和价值导向，运动员培养表现出"重成绩、轻文化""重训练、轻教育""重身体、轻精神"的行为现象，忽略了运动员的精神价值教育和文化知识学习，致使有潜力的网球后备人才或运动员发展到一定程度或阶段时出现了思想意识扭曲、精神价值单一和文化教育缺失等问题和瓶颈[1]。

二、精英网球后备人才选拔体系不完善

目前我国精英网球后备人才选拔主要是以到各专业队、集训队选拔为主，以比赛选拔为辅的方式。通过专家访谈得知，虽然我国现在对精英网球后备人才的选拔方式和渠道有所拓宽，但是针对精英网球后备才的选拔方式还是太过于单一，对精英网球后备人才的选拔各地方没有一个统一的标准或体系，对以后精英后备人才的发展缺乏长远规划。我国精英网球后备人才主要来自各省市专业队，选拔方式主要是训练营比赛，标准主要基于比赛成绩和积分排名等形式，这样的精英人才选拔标准过于单一，致使一些出成绩较晚、优势不明显和非专业体制内的精英网球后备力量流失，况且，青少年运动员的比赛主要靠"磨"，谁能"磨"、谁够"稳"，谁赢球的把握性就越大，而往往这样的运动员在早期更容易出成绩，但到后期发展的瓶颈却更明显。早在2017年12月14日网球运动管理中心组织"全国青少年精英网球训练营暨全国青少年网球运动员集训"，在相关文件中青少年精英网球训练营的筛选条件只以运动员自身的赛事排名为标准，并未考虑运动员身体、心理、技术等方面的优势和天赋等要素，难免导致一些具有技术特长、勤奋努力、身体条件较好、具有发展潜力的青少年被淘汰。2019年2月举办了由国家体育总局网球运动管理中心和中国网球协会主办、国家体育总局训练局和北京壹贰叁万青少年网球俱乐部承办的国家青少年网球队训练营，2019年11月在国家网球学院又举办了由46名14岁以下国内优秀青少年参加的国家少年网球队运动员选拔训练营，旨在选拔产生2020年度国家少年网球队运动员，以完成好2020年世界少年网球团体锦标赛任务。虽然这些训练营活动内容以运动员对抗比赛为主体，同时进行专家指导、身体素质测试、爱国主义教育等，但是，选拔训练营

---

[1] 马志和，徐宏伟，刘卓，等．论我国竞技体育后备人才培养体制的创新[J]．体育科学，2004，35（6）：56-59．

还是以完成比赛任务为出发点，而不是以长期培养为立足点，此外，这样的选拔训练营活动频次太少，引导和导向作用并未充分突出。

三、过度依赖传统网球后备人才培养体制

传统三级培养体制即体育系统人才培养的专业队模式是由从下到上的少体校、省市体工队和国家集训队构成，是一条"纵向化、层级化、专业化"的传统专业培养模式。多年来此模式为我国网球后备人才培养和竞技网球事业的发展提供了强有力的保障与支持，也为我国精英网球后备人才储备和培养奠定了制度基础和保障。虽然，此模式适合于普通网球后备人才的培养发展，但是，不能完全满足精英网球后备人才的培养需要。

其一，传统三级培养体制拥有经验和资源优势，而社会与家庭培养模式相对不成熟，支撑力不足。当前省市专业队模式依然是精英后备人才培养的主要阵地和方式，拥有最好的场地设施、优秀教练员和固定经费支持等保障资源，一定程度上承担了后备人才培养的主要任务；而以俱乐部为主体的社会化培养还处在起步阶段；以家庭为主体的个性化培养在实施过程中则面临着诸多实际的困难和挑战；致使当前的后备人才培养更加依赖于传统专业队培养的力量。

其二，过度依赖与模仿过往成功的模式和经验。过度依赖和模仿李娜、郑洁模式，曲解了其职业化成功的模式和路径，断章取义，盲目跟风，过早脱离群体教育体系，实施个体式训练，特别是照搬运动生涯后程"单飞"的运作模式；此外，从我国女子网球的成功经验总结中也清晰认识到，精英网球人才的培养仅靠传统三级专业化培养模式是远远不够的，必须要有社会、家庭等培养模式的积极参与和合理配合，以形成多元化的精英网球后备人才培养模式，才能保障精英网球后备人才培养的数量与质量。

四、精英网球后备人才培养政策不完善

国家政策对于精英网球后备人才的培养起着重要的推动作用，但目前我国精英网球后备人才培养的政策支撑不足，缺乏对精英网球后备人才培养的全面指导性，不利于精英网球后备人才的系统培养和持续发展。精英网球后备人才的培养、

选拔以及考核层面的政策支撑力度较为薄弱，不利于精英网球后备人才的顺畅有序流动。为了进一步夯实竞技体育后备人才基础，国家体育总局出台了一系列关乎体校发展和后备人才培养的政策法规，主要包括《2011—2020年奥运争光计划纲要》《奥运项目竞技体育后备人才培养中长期规划（2014—2024）》《关于加强竞技体育后备人才培养工作的指导意见》等，旨在围绕构建多元化投入机制、多类型培养模式和多样化驱动方式的竞技体育后备人才培养提出政策性指导意见[1]；但针对精英网球后备人才培养相关政策不完善，缺乏对精英网球后备人才培养的政策规范，导致精英网球运动员培养缺乏长期规划性和目标性，不利于精英网球运动员的长期培养。

第二节　参与主体

一、社会对精英网球后备人才培养的参与度不够

我国社会网球组织或力量对精英网球后备人才培养的参与力度和支持作用不够，主要跟我国社会网球力量自身实力较弱和长期以来我国竞技体育发展方式有关。

其一，我国社会培养主体的造血能力不足，发展规模太小。社会网球组织的实体化程度还很欠缺，社会网球组织的自我造血能力和项目发展能力还存在较大不足。据国际网球联合会在官网发布的《2021年全球网球报告》显示：世界网球俱乐部有115 584个，网球俱乐部数量及占比排名前三位的国家是美国53 882个（46.6%）、德国8 852个（7.7%）、印度7 400个（6.4%），值得一提的是，中国仅有800个网球俱乐部，总数在41国家中排名第18，其占比仅为0.69%[2]。相比于国外发达国家的社会网球组织规模，我国的社会网球组织和俱乐部规模太小，还处于起步阶段，对精英后备人才的培养能力不足。

---

[1] 柳鸣毅，但艳芳，张毅恒.中国体育运动学校嬗变历程、现实问题与治理策略研究[J].体育学研究，2020，34（03）：64-77.

[2] 国际网球联合会.2021年全球网球报告.[EB/OL].https://www.itftennis.com/en/.

其二，举国体制主导下的中国竞技网球发展更依赖于政府集中力量的培养。竞技网球运动员的培养是一个高投入、长时间的过程。长期以来，我国网球运动员和后备人才培养主要依靠业余体校、省市专业队和国家队。近几年，尽管体育主管部门也开始放权，实行"举国体制"与社会培养共存、允许运动员"单飞"等政策，这体现了我国与国际接轨，逐步转变培养体制的用心；但实际上是一种"无奈"之举，在奥运争光计划与金牌战略的引导与驱动下，对运动员的培养与管理，更倾向于"举国体制"，没有举国体制的支撑，也许"单飞"只是无水之鱼、无根之木。

二、学校对精英网球后备人才培养的贡献率较低

学校作为培养人才的重要阵地，对精英人才的培养具有宝贵价值。虽然我国已有教育系统培养竞技体育后备人才的政策办法和实践经历，但是经过多年的发展，竞技体育后备人才在教育系统并未形成良性的运转状态，在精英网球后备人才培养过程中学校的贡献率和参与度也不够高，无论是对职业体育还是对国家队，学校对竞技体育人才的贡献率非常低，究其原因与学校体育发展中存在的现实障碍有关。

其一，应试教育的现实约束。各级各类学校教育以应试为指挥棒，学校的升学率是社会、家长评价学校好坏的重要甚至唯一指标，导致校长、家长片面地重视学生的文化成绩，体育被视为玩物丧志、不务正业，把体育后备人才培养当作无关之事。

其二，人才培养的倒置。竞技体育人才的学校培养最初是希望通过贯通"小学—初中—高中—大学"的学校体系从基层向高层不断输送优质的竞技体育人才，大学处于学校培养体系的顶峰，其再向国家队体系和职业体育体系输送优秀人才；然而经过多年的发展，大学成了顶级运动员退役安置的承载对象，不是向外输出而是逆向输入，未能有效发挥培养体育后备人才的功能[1]。

其三，学训矛盾未能有效解决。竞技体育后备人才的培养离不开必要的训练

---

[1] 杨国庆. 我国竞技体育后备人才多元化培养模式与优化策略[J]. 上海体育学院学报，2017，41（6）：17-23.

时间，与一般的学生相比学生运动员势必会被挤占一定的文化学习时间，而这一问题在我国学校系统中一直未能妥善解决，这些因素严重制约了学校主体在竞技体育后备人才培养中作用的发挥[1]。

三、省队对精英网球后备人才培养的积极性不足

长期以来，省市体工队是我国网球后备人才和精英网球运动员培养的重要主体，是我国竞技网球发展的重要支撑力量；然而，当前我国部分省市队参与精英网球后备人才培养的积极性不足，除了江苏、浙江、北京和天津等部分省市队以外，其他地区省市队对精英网球后备人才培养的主动性和参与性不高，缺乏精英人才培养的目的导向和系统规划，不利于我国精英网球后备人才的培养和发展。除此以外，社会力量和家庭培养等对精英网球后备人才培养的预期性和积极性也不足。主要原因如下：

其一，各省市专业队对全运会成绩过度重视，并不注重高投入、低回报的国际职业赛事，致使省市专业队更加愿意将人力、物力和财力聚焦于代表各省市参加的国内比赛，进而为本省市获得优异成绩和争得荣誉，这与精英网球后备人才培养的职业化发展需求相背离。

其二，对培养单位、各省市队、教练员和运动员的激励程度不够，缺乏有效的激励政策。精英网球运动员的培养是长期系统的过程，需要人力、物力、财力等的大量投入和有力支撑，就培养参与主体而言，在参与精英网球后备人才的培养过程中既需要目标，更需要动力，激励措施的缺失或乏力会严重影响参与主体的积极性；然而，当前我国精英网球后备人才培养的激励政策还不够完善，对培养单位、各省市队、教练员和运动员的激励程度不够，导致相关参与主体的积极性下降。

---

[1] 王海宏. 竞技体育后备人才培养模式的对比分析及整合策略 [J]. 首都体育学院学报，2011，32（6）：531-535.

第三节　人才储备

一、网球普通后备人才数量逐渐萎缩

普通网球后备人才是精英网球后备人才培养的重要基石，也是精英网球后备人才选拔的重要来源；然而，当前专业队培养模式下的网球后备人才数量逐渐萎缩，对精英网球后备人才的培养产生了严重的影响。其原因主要有以下几个方面：

其一，传统金字塔模式下的"三线"和"二线"队伍参训人数逐渐减少，对金字塔培养模式的塔基产生了较大的影响，也使得精英后备人才培养的根基发生了动摇和坍塌。传统三级培养体制即体育系统人才培养的"金字塔"模式是我国普通网球后备人才和精英网球后备人才培养的基石，但由于社会、家庭等培养模式的逐渐兴起，基层训练单位因长期与公共服务脱节，在财政拨款方面缺少增量，在建设服务型政府的社会大潮中渐渐走到面临淘汰的边缘，基层体校的严重缩减导致固有培养模式改变，致使部分人才流失严重。

其二，人才基数的分流致使人才储备损失严重。人数庞大的传统三线队伍多由业余体校和传统项目学校构成，但由于青少年运动员训练目的表现出锻炼身体、学习技能和升学加分等目的的差异化，部分后备人才逐渐流失，能够坚持长期训练并进入上一级训练体系的运动员相对较少，导致人才输送出现不畅和断层。此外，出于对专业单一培养路径的担忧和多路径发展的选择，部分家长不再把目光主要集中于专业培养路径，大部分青少年网球后备人才在小学、中学阶段放弃了专业训练，也致使竞技网球后备人才被逐渐分流。

二、准职业期精英后备人才流失较严重

当前，我国处于16~18岁准职业期的优秀网球后备人才存在严重的萎缩和流失问题，不仅严重影响了我国精英网球后备人才职业转化的衔接性与递进性，而且严重制约了我国精英网球后备人才储备的进阶性与层次性。这是当前我国精英网球后备人才培养过程中存在的普遍问题，更是关键难题。导致此问题的原因主要有以下几个方面：

其一，精英网球后备人才竞技水平出现了发展瓶颈，使优秀青少年运动员的原发性动力不足。竞技水平的提高是运动员主动且坚持参加训练和比赛的主要动因，然而，更多的优秀青少年网球运动员受技术缺陷、兴趣下降和伤病困扰等多因素制约，形成了难以突破的竞技水平瓶颈期，严重影响了运动员参加训练和比赛的动力，较多优秀青少年运动员选择了攻读大学、从事教练等其他出路。

其二，处于准职业期的精英网球后备人才存在物质保障乏力问题，使一些精英网球后备人才无法继续从事高投入、高经费、高消耗的职业发展道路，一些优秀的青少年运动员选择了留在专业队"混日子"，参加一些国内的低级别网球赛事，与我们培养具有国际竞争力的精英网球人才发展要求相差甚远。

第四节　培养保障

一、精英网球后备人才培养投资主体单一

举国体制下的我国精英网球后备人才培养主要依靠政府投入和支持，缺乏市场和社会的积极参与和有力支持，不利于精英网球运动员的职业化和网球运动市场化发展。

其一，我国网球后备人才对政府培养的依赖性太强。精英网球后备人才的培养必须遵循网球运动项目职业化发展规律，以适应更宽、更广的职业化和市场化发展环境或氛围。对于普通网球后备人才的投入需求，政府支持与投入完全满足其发展；然而，精英网球后备人才培养的投入需求要远远高于普通网球后备人才，仅靠政府的投入既不符合网球职业化发展规律，也无法营造或适应网球职业化、市场化发展环境，不利于精英网球运动员的职业化培育和可持续发展。

其二，我国网球市场化开发深度不够，后备人才培养的回报价值不足，缺乏对社会培养投资的吸引力。精英网球后备人才的培养需要大量的资金、人力、物力资源，社会或市场对后备人才的投资支持追求的是效益和利益，但是，我国网球职业化发展起步较晚、较大影响力的顶尖选手太少、国内网球市场化开发不够、国际网球赛事影响力不足、网球消费市场动力不稳、市场参与后备人才培养的热情不高等，导致我国精英网球后备人才培养的投资只能依靠政府。因此，缺乏社会资源的资助或投资，既给政府带来巨大的财政和人力负担，也不利于精英网球人才的培养与成长。

二、精英网球教练员人才队伍建设乏力

精英网球后备人才教练员团队配备不够完善，难以满足精英网球后备人才的培养需求，导致精英网球后备人才训练的专业性和科学化水平不高，不利于精英网球后备人才的高质量成长和培养。其主要原因有以下几个方面：

其一，精英网球教练员对从事职业化教练员的积极性和主动性不高：一方面是因工资待遇的问题，我国的大部分知名精英网球教练员主要来自体制内的省市体育局或专业队，属于体制内的事业编制人员，日常固定工资和比赛奖金是其主要收入来源，但是，与体制外从事业余指导或社会培训的收入水平相比却存在较大的差距，导致部分教练员把精力和时间都转向了体制外的"兼职"；另一方面是职业教练员长期出差劳顿和操劳艰辛的工作特点，使得一些年轻教练员和年龄偏大的教练员不愿继续从事职业网球教练工作。

其二，我国精英网球教练员人才队伍在年龄、地域和水平等方面存在严重的不平衡问题，不同年龄段、不同省市地区、不同训练理念和不同执教水平的教练员分布存在失衡，集中表现为年轻教练员缺失、欠发达地区教练员不足、高水平精英教练员欠缺等问题，严重不利于精英网球后备人才的高质量培养和可持续发展。

其三，缺乏精英网球教练员培养的规划条例与相关制度，缺乏涉及精英网球教练员培训体系、选拔标准、培养方案和考核评价等的制度性条例。

三、精英网球后备人才参加国际赛事较少

网球运动是一项国际化运动项目，国际高水平职业网球赛事主要集中于国外，

且国外青少年网球运动员技术水平普遍较高、技术风格多样,然而,我国精英网球后备人才参加国外高水平青少年比赛的机会却较少。一方面,参赛机会少导致球员难以适应国际大赛中诸如比赛环境、对手水平差异等因素的转变,对于球员本身体、技、战、心、智等竞技能力的提高也极为不利;另一方面,球员参赛机会少无法满足精英网球后备人才的参赛需求,限制了球员的长远发展。其主要原因包括以下几个方面:

其一,国内青少年运动员本身的水平有限,国际赛事积分排名较低,导致很多青少年运动员参加国际赛事经常面临一轮游的尴尬局面,这影响了运动员的自信心和积极性。

其二,国际赛事与学习教育的矛盾突出,家长担心对文化学习和升学的不利影响,从而选择放弃更多的国外赛事,更多青少年运动员的家长比较重视文化知识学习的系统性和升学考试,不愿将更多的精力和时间投入到国际赛事当中,这导致运动员国外比赛机会和经验缺失。

其三,国际赛事经费花销较大,培养主体或家长的经济压力较重,进而更多地选择参加国内青少年赛事,尤其网球项目不是重点或优势的省市专业队不愿意投入较多的经费支持运动员参加国际赛事,而是更愿意选择国内巡回赛。

第五节　文化教育

一、精英网球后备人才文化教育重视不够

精英网球后备人才的培养过程"重训练、轻文化",过早脱离原本的义务教育道路,致使精英网球后备人才文化教育基础不健全,不利于精英网球后备人才的全面发展。其主要原因有以下几个:

其一,精英网球后备人才培养主体(网球运动学校)的特殊性使然。精英网球后备人才的培养前期以网球体校培养为主,网球体校作为精英网球后备人才培养中的重要培养单位分为三种:纯业余体校(放学后到校训练)、两集中制(读

书与训练）的体校，以及集中制体校（吃、住、训练）。各网球体校培养侧重于学生运动员的网球技术，义务教育学校则侧重于学生运动员的文化成绩，然而，作为精英网球运动员必然是以网球体校培养为主，提前进入专业化，侧重于网球技术的训练，训练时间大于文化学习时间，虽然在网球专业技术上得到更好的巩固和提高，但对于文化知识的学习时间相对较少。

其二，教练员对竞赛成绩的要求过高，忽视了文化教育的重要性。教练员迫于自身工作考核压力，在执教的过程中对于精英网球运动员这样一个特殊的群体也是秉持"唯成绩论"的竞赛要求，以运动训练提高网球技术水平为主，忽略运动员文化知识的学习，整个培养过程都呈现出"重训练、轻文化"的现象。

二、精英网球后备人才学训矛盾较为突出

学训矛盾是我国运动员培养过程中一直面临的难题和困境，也是制约运动员职业素养和职业发展的重要因素。当前我国精英网球后备人才的培养过程中也存在明显的学训矛盾问题，其主要跟传统培养观念影响、网球运动赛事密集的特征密切相关。

其一，网球运动的高密度赛事是造成学训矛盾的重要原因之一。国内大型网球赛事的举办，赛程安排全年分散不集中，导致网球运动员备赛周期多而密，很多的青少年运动员由于参赛数量和排名积分的压力，不得不参加重要赛事，从而致使网球后备人才或优秀青少年运动员的文化学习时间较少，造成文化教育基础薄弱，面临文化教育中断或停课的困境。

其二，重训练、轻文化的培养观念和相对封闭式的"圈养"模式，使精英网球后备人才对学习和训练重视的平衡性缺失。在原有的竞技体育后备人才培养体系中呈现出相对封闭的培养方式，运动员在少体校、体校、三线队、二线队、专业队等阶段大都处于以训练为主要任务的封闭式"圈养模式"，致使精英网球后备人才过早专业化，学训矛盾难以得到有效解决，整个培养过程"重训练、轻文化"，使得青少年过早脱离原本的义务教育道路，青少年阶段基础文化教育部分缺失，从而造成精英网球后备人才文化教育基础不健全。虽然，在2020年9月体育总局和教育部联合印发的《关于深化体教融合　促进青少年健康发展的意见》中提到，

教育部门要完善加强高校高水平运动员文化教育相关政策,通过学分制、延长学制、个性化授课、补课等方式,在不降低学业标准要求、确保教育教学质量的前提下,为优秀运动员完成学业创造条件,但却也只是起步阶段,与实际落实还有一定难度,并且需要一些时间。

第四章 国外精英后备人才培养的经验借鉴

由于历史、政治、经济和文化环境的差异，各个国家所采用的培养精英后备人才的策略在体现一般规律的基础上又各具特色。本章通过比较提炼美、英、德、俄四个竞技体育强国的精英后备人才共性培养特征，通过分析比较其精英后备人才培养的个性特征，在结合我国具体国情的基础上，为我国精英网球后备人才的培养提供参考。

第一节 国外精英后备人才培养共性特征

美、英、德、俄四个竞技体育强国精英后备人才的培养均分为初、中、高三个阶段。横向来看，共性特征主要体现在选拔和训练两方面；纵向来看，共性特征主要体现在精英后备人才的初级培养阶段；横纵两个层面均强调文化学习的重要性。

一、人才选拔与考核标准较全面

俄罗斯和德国都以全面发展的眼光进行后备人才选拔，而不仅仅局限于某一单项指标。虽然，两国对于后备人才选拔的指标有差异，但是都体现了参考因素多元化的特点，都强调重视运动员的发展潜力、尊重运动员的个性特点。

俄罗斯国家队的运动员主要从体校选拔，选拔运动员时的参考因素除了依据有经验教练的判断和孩子的兴趣之外，也包括体育科学方面的测试，如个人生理年龄、竞技能力、个性特征等的测试。此外，俄罗斯强调兼顾运动员的"差异性"，即格外关注某些可能在现阶段竞技成绩并不突出，但是在其他方面表现优异的运动员，防止人才的流失。选拔出来的运动员会定期组织考核，这种考核由单一的比赛成绩考核转变为多元的高级选材、测试与比赛成绩相结合的综合考核体系。考核指标包括一般身体素质、专项身体训练水平、技术水平的增长情况和发展的稳定性[1]。不论是选拔还是考核，俄罗斯在后备人才的培养上都体现了其参考因素多元化的标准。

德国在选拔后备人才时主要从以下 5 个方面进行参考：运动员的比赛能力、心理因素、情境、体能和身体生物状态[2]。多个因素选拔后备人才，弥补了只以竞技成绩为参考的不足，扩充了后备人才数量。同时强调在运动员培养过程中，关注在现阶段运动成绩不突出但具有个性特点，从长远来看具有很强的发展潜力的运动员。此外，德国后备人才培养的中级阶段更是将文化成绩作为选拔标准，德国体校实行淘汰分流制，最后一次考核以文化成绩为主，成绩不合格的学生就会形成分流。

二、人才培养参与领域较广泛

英国与俄罗斯在后备人才的培养中均采用了多领域介入的模式。英国依托英国体育学院形成了训练科研一条龙服务，而俄罗斯则凭借政府与社会团体相互协同管理的多元化人才培养体制和科研服务助力后备人才的培养。

英国体育学院由英格兰体育学院、苏格兰体育学院、威尔士体育学院和北爱尔兰体育学院构成，为英国精英运动员的训练提供设施、医疗、科研等全方位的服务。运动员从基层体育俱乐部选拔到英国体育学院进行训练以备战大型赛事。2012 年伦敦奥运会英国体育代表团获得 29 枚金牌、17 枚银牌、19 枚铜牌，位列奖牌榜第三，其中在英国体育学院训练的 93% 的精英运动员在伦敦奥运会上获得了一枚奖牌，在获得奖牌的精英运动员中 20% 获得金牌或银牌，80% 获得了铜牌。

---

[1] 董佳华. 国外竞技体育后备人才培养法制化对我国的启示[J]. 沈阳体育学院学报，2015，34（05）：54-58.

[2] 周建伟，陈效科. 德国足球后备人才培养研究[J]. 体育文化导刊，2017，34（11）：97-101.

英国体育学院不仅是培养英国精英运动员的重要基地，也是英国体育科研和发展的核心机构，其目的是为精英运动员提供一流的体育配套设施和服务以及科研创新的帮助。英国体育学院为40个奥运会和残奥会项目提供体育科研和体育医学方面的服务，其中包括生理学、生物力学、心理学、医疗咨询、医务监督、营养咨询、运动成绩分析、力量和身体素质训练指导和运动康复等[1]。在备战奥运会和世锦赛等重大赛事期间，这些服务帮助精英运动员保持较高的身体素质水平，使他们避免受到伤病困扰。

俄罗斯体育体制由原来政府高度集中的计划管理体制转变为政府与社会团体相互协同管理的多元化人才培养体制。多元主要体现在后备人才的培养模式多元化，形成了运动学校、俱乐部、经纪公司和家庭培养四种相互独立又相互补充、既相互竞争又相互协作的模式。多元化人才培养模式进一步调动了社会力量参与到后备人才的培养中来，充分发挥了市场的作用。俄罗斯政府还要求将运动医学、训练科学、生物力学等领域的科研成果应用于后备人才培养当中，更好地服务于后备人才。运动医学、训练科学、生物力学等领域的介入形成了一个科学高效的训练模式，这种科学的训练模式使运动员更快、更高效地提高运动成绩，延长运动寿命，是取得高水平运动成绩的基本保证。

三、后备人才选材基础较宽厚

美、英、德、俄四个国家运动员的培养均分为初、中、高三个阶段，而初级阶段后备人才的数量是精英后备人才选拔与培养的基础。在后备人才初级培养阶段，德国与英国均依托学校—俱乐部链，通过"狐狸计划""学校体育比赛计划""学校体育—体育俱乐部链"等计划形成了宽厚的后备人才选材基础[2]。

德国运动员初级阶段的培养主要依托社会化培养渠道（体育俱乐部）以及学校培养渠道。德国总人口在8 200万左右，然而，注册体育俱乐部锻炼的人数约3 000万，青少年占总人数的70%以上。德国中小学体育工作与青少年体育俱乐部联系紧密，俱乐部青少年会员均来自学校。俱乐部支持中小学推广体育活动。

---

[1] 孙雪. 英国精英运动员培养体系研究 [D]. 北京：北京体育大学，2013.
[2] 胡安义，吴希林，蔡开明. 德国竞技后备人才的培养与启示 [J]. 体育文化导刊，
　　2013，30（09）：67-70.

例如，汉堡HT16俱乐部每周派教练员到会员所在中小学开展2次训练活动，推广俱乐部教学项目，培养学生兴趣，吸引更多学生参与俱乐部活动，俱乐部把该项目称为"狐狸计划"。同样，黑森州体育俱乐部也采取相同的推广模式，而且延伸到了幼儿园。青少年体育俱乐部与学校经常举行青少年运动会、体育节、校际运动会等赛事活动并通过"球探发现机制"实现中级培养阶段体校的选材工作。德国的学校和俱乐部有效地结合，不仅培养了学生参与体育运动的兴趣，增加了其参与体育的机会，更为德国精英后备人才选材提供了宽厚的基础。

英国运动员培养的初期阶段，学校和体育俱乐部也扮演着重要的角色。学校体育中的体育课以提升学生体育参与的兴趣、教授基本体育技能为主，除平常的体育课和体育活动课外，英国还颁布实施了"学校体育比赛计划"，鼓励青少年参与体育竞赛，丰富其比赛经历和经验。"学校体育比赛计划"是通过一系列校内和校际的体育比赛，为全国数百万的青少年提供参与体育比赛的机会。社区体育俱乐部则为有天赋的青少年提供了专业的训练和比赛的场所。英国的社区体育俱乐部是非营利性质的，依靠当地政府提供的公共体育场馆、学校体育设施进行活动，主要的经费来源是俱乐部会员所缴纳的会费以及当地政府对体育俱乐部的资助。2002年英国推出了"学校体育—体育俱乐部链"计划，为青少年提供更多的训练和比赛平台，平均每所学校与体育俱乐部有几个体育合作项目。

四、强调文化学习的重要性

美国与德国在后备人才的培养过程中尤其强调文化学习的重要性，并将文化成绩作为其申请大学、人才选拔的决定性依据。美国对于文化学习的要求主要体现在大学阶段，而德国对于后备人才的文化要求在中级培养阶段就已体现，在二者不同阶段运动员培养过程中，运动员周文化学习时间均高于周训练竞赛时间。

美国大学阶段对学生运动员的文化要求体现在招生和大学学习两个阶段。在招生阶段，美国主要是将文化成绩作为其申请大学的重要依据，同时在思想观念和具体措施两方面强调文化学习的重要性。思想观念上，美国大学生体育协会（National Collegiate Athletics Association，NCAA）2020年学生运动员招生简章前几页便强调了成为职业选手的概率较低（低于2%），并将数个项目运动员转职业的比率列成表格，通过最真实的数据表明学生运动员转职业的概率，强调大学文化学习的重要性。以男子篮球为例，每年共有54万高中男子篮球运动员，其中近2万名可进入NCAA学校中学习（3.5%），而仅有52名可成为职业选手（0.26%）[1]。在具体措施方面，NCAA中不同等级的学校对于学生运动员的招收要求不同，但不论是哪个等级的学校都对文化成绩有严格的要求。NCAA对申请NCAA学校的学生运动员文化学习做出了明确的规定，除了对美国高考SAT或ACT成绩以及平均绩点做出了的规定之外，还对学生运动员在高中时期应该学习的核心课程做出了规定。整个招生简章中主要对甲乙丙级院校、文化要求、绩点计算、高中文化学习安排以及申请方式几方面进行介绍，并未涉及对运动员的技术要求。甲乙丙级院校在学习以及训练竞赛的侧重点不一样，级别越高竞赛水平越高，训练竞赛的时间越长（甲33 h/周；乙31 h/周；丙28 h/周），级别越低学术水平越高，文化学习时间越多（甲35.5 h/周；乙37 h/周；丙40 h/周）[2]，运动员可根据自身情况进行选择，但无论是哪一级别的院校，每周文化学习的平均时长均高于该级别训练竞赛时长。

德国对于后备人才中级阶段的培养主要依托体育学校，体育学校十分重视运动员的文化学习。德国体校归属教育部门管理，文化教学由教育部门负责，德国体校课程与普通学校完全一致，德国小学为4年学制，运动员在体校学习时长为8年，学生文化学习时间为30 h/周，自习时间为10 h/周，训练时间为20 h/周，文化学习时间高于运动训练时间[3]。德国除了对于运动员专业能力进行评价，还会对其文化课进行评价，在训练期间，定期组织文化测试，成绩不合格的运动员会被淘汰。德国体校实行淘汰分流制，共进行3次分流，第1、2次主要是以运动成绩为主，淘汰率为5%和15%，第三次考核就是以文化成绩为主，成绩不合格和合格的学生就会形成分流，淘汰分流制在兼顾文化学习优中选优的同时还提前实现了运动员职业转换，第3次考核不合格的学生会到相关职业院校进行学习。

---

[1] http://fs.ncaa.org/Docs/eligibility_center/Student_Resources/CBSA.pdf.
[2] https://www.ncaa.org/sites/default/files/GOALS_convention_slidebank_jan2016_public.pdf.
[3] 周建伟，陈效科. 德国足球后备人才培养研究[J]. 体育文化导刊，2017，34(11)：97-101.

第二节　国外精英后备人才培养个性特征

一、美国精英后备人才培养特征

1. 充足的竞赛保证不同阶段运动员的需要

美国运动员培养阶段主要分为青少年基础参与阶段、中学与大学专项提高阶段以及职业体育与奥林匹克精英体育阶段。从幼儿园到大学青少年均有良好的参与体育运动的机会，围绕三个阶段所开展的相关体育工作侧重点大不相同。

青少年基础参与阶段主要以提升兴趣、学习基本技能为主。在美国，当地政府会举行 Play Days、Junior Team Tennis、Entry-level Tournaments 三种比赛[1]，这三种比赛的难度依次递进，在提升青少年网球兴趣的同时保证了青少年有更多的机会选择自己合适的水平参与比赛。中学与大学阶段是培养精英后备人才的关键阶段。中学阶段美国主要通过中学及网协两大体系在训练以及竞赛网络上的日程协调和优势互补达到专项提高的目的。虽然中学体系与网协体系相互独立，拥有各自的训练体系以及竞赛网络，但在竞赛日程的安排上体现了高度的协调性。美国中学校际网球训练与竞赛安排在春季或秋季（3个月左右），而网协比赛超过一半安排在寒暑假，与中学春秋季赛事重叠时段的比赛大部分安排在同一时间进行，方便各州中学赛事与之错开。2013年，210个USTA全国青少年赛事中119个比赛安排在寒暑假期（1、2月27个，占总数13%；7、8月92个，占总数44%）。安排在5月的赛事有19个（占总数9%），此时段虽与中学春季网球赛事高峰时段重叠，但其中17个赛事于同一天开始。安排在10、11月的赛事有46个（占总数22%），此时段与中学秋季网球赛事重叠，但其中39个赛事分别在10、11月的一个日期同日开始，也有利于各州中学网球赛事与之错开[2]。中学体系竞赛训练

---

[1] https://tennisnashville.net/sites/default/files/pdf/Youth_Tennis_Local_Play_Flyer-2015.pdf.
[2] 曾秀端，潘前，吴有凯. 美国竞技网球管理体系剖析[J]. 体育科学研究，2017，21（06）：44-47.

方面连续性较差、赛季较短、不分年龄组缺乏公平性、竞赛水平较差等缺点可由网协体系弥补，而中学体系在培养青少年运动员掌握文化科学知识这一主要方向上的巨大优势也能弥补网协体系的不足。

大学是精英网球后备人才培养的高级阶段，除高校体育组织外，美国大学阶段的网球管理中，大学校际网球协会也担任了必不可少的角色。二者通过举办大量的校际竞赛来提升此阶段精英网球后备人才的竞技水平。美国大学网球管理阶段主要有三大高校网球组织参与，分别是NCAA、NAIA和NJCAA。NCAA等三大高校组织共有2 000多个网球队，其中NCAA的1 706队共有17 076名运动员。三大高校组织的网球竞赛均包括全国锦标赛和联盟冠军赛，NCAA两个层级的比赛均分成甲乙丙三个组别分别进行。除三大高校组织外，ITA/USTA比赛按甲组和小院校组2个组分别进行。NCAA甲级院校参加甲组比赛，乙、丙级院校和NAIA、NJCAA院校参加小院校组比赛。两个组每年共进行88个（次）区域比赛，参赛运动员达8 000余人。由于三大高校组织的网球竞赛时段为3—5月，而ITA比赛时段为1—2月和7—11月，二者在比赛时段上完全错开，互不影响[1]。此外，网球项目的学生运动员还可以通过USTA在其职业巡回赛中设有的数十站赛事以及USTA和ITA共同建立的USTA大学生网球队与职业选手较量并以此走上职业网球的道路。

2. 运动员各个培养阶段衔接通畅

美国的后备人才主要经历美国运动员培养的基础阶段、中学阶段以及大学阶段。无论是中学到大学阶段的通路还是大学到职业阶段的通路都十分顺畅，美国学生网球运动员都能够通过申请或是竞赛达到升学或是转职业的目的。

NCAA作为拥有网球队最多的高校体育组织，共有1 257名成员，其中有1 098所大学，在1 098所大学中，350所参加甲级比赛、310所参加乙级比赛、438所参加丙级比赛，NCAA每年为超过18万名学生运动员提供近35亿美元的体育奖学金，学生运动员可通过申请甲乙两级的学校并获得高额的奖学金，获得奖学金的学生运动员占总数的61%，其中37%的运动员获得常年奖学金资助。甲

---

[1] NCAA Sports Sponsorship and Participation Rates Report[EB/OL].[2017-02-16].http://www.ncaa.org.

级学校的奖学金金额与覆盖范围最高，乙级次之，丙级没有奖学金。除奖学金外，NCAA 每年还为 24 个项目的 90 个锦标赛提供资金，包括支付近 1 400 万英里的旅费让运动员参加比赛。高额的奖学金在吸引学生运动员申请大学的同时，也为学生运动员在大学中专心致志地学习和训练、竞赛提供了条件[1]。为帮助有志投身于职业网球的大学生选手圆梦，也为了充分利用大学的优质资源为职业网球培养人才，USTA 在其职业巡回赛中设有数十站可供大学生选手、职业新手、优秀青少年选手相互较量的赛事。1996 年，USTA 又和 ITA 共同建立了 USTA 大学生网球队，男女两队均由 2 名 USTA 国家教练员与 12 名经过专门的选拔委员会评选出的美国最优秀的大学生运动员组成，每年夏季进行集训并参加 USTA 职业巡回赛。优秀大学生运动员有机会与职业选手较量，技术水平和实战经验得到很大的提升，其中一部分人由此转为职业选手，并逐渐步入美网公开赛等世界顶级赛事。

3. 全面的运动员调查与监控

NCAA 每五年会对甲乙丙级数万名运动员进行全面的调查，调查内容涉及运动员的学习、训练、心理等各个方面。每五年一次的全面调查，主要从学生运动员自身出发，询问其当前学习、训练、竞赛的经历及看法，不仅对运动员学习竞赛情况有了更充分的认识和了解，更是后期全局调控相关体育管理策略的重要依据。2015 年 NCAA 对甲乙丙级各个项目 21 233 名（180 所甲级学校 7 252 人；183 所乙级学校 6 735 人；227 丙级学校 7 246 人）男女运动员进行了调查，部分调查结果显示[2]：

第一，在文化学习方面。3/4 的运动员表示他们的文化学习状态较好，大部分运动员表示在赛季中也能保持良好的文化学习（甲级 60%，乙级 65%，丙级 70%）；1/3 的学生运动员表示，训练和竞赛参与一定程度上影响了他们的文化学习，但该学生数量较 2010 年下降了 10%，下降原因得益于线上课程的开展（甲乙丙级分别 59%、54%、27% 的运动员在学校参加线上文化学习）。甲乙级运动员平均每周用于文化学习的时间为 38.5 h，较 2010 年增加了 3 h，丙级运动员平均每周用于文化学习的时间为 40.5 h，较 2010 年增加了 3 h；女性学生运动员在文化学习上

---

[1] https://www.ncaa.org/about/resources/media-center/ncaa-101/our-three-divisions.
[2] https://www.ncaa.org/sites/default/files/goals_convention_slidebank_jan2016_public.pdf.

花费的时间要比男性学生运动员要多；总的来说，与 2010 年相比，运动员在文化学习上花费的时间更多，但在高尔夫（甲乙级男女）、排球（甲级女）、垒球（乙级）项目中，至少有 1/4 的学生运动员表示，赛季期间，每周会因为训练和竞赛而错过至少 4 次文化课。在学校和运动队环境方面，大多数运动员对自己的学校表现出强烈的归属感，认为教练和队员们接受来自不同种族和宗教的运动员，构建了较为包容的队内环境；一部分有色人种学生运动员（尤其是女性）认为学校以及训练队的包容性和理解性较少。

第二，在训练竞赛方面。甲乙丙级运动员平均每周花费在训练竞赛上的时间分别为 34 h、32 h、28.5 h，较 2010 年分别增长了 2 h、2 h、1.5 h。其中，男子项目的 FBS 橄榄球运动员平均每周在训练竞赛上花费的时间最多，高达 42 h，女子项目的垒球运动员平均每周在训练竞赛上花费 39 h，时间最多。甲乙丙级男女子网球项目运动员平均每周用于训练竞赛的时间分别为 32 h、29 h、24 h，均低于各级别院校平均时间。大部分学生运动员对于竞赛次数表示满意，甚至有 1/4 的运动员表示希望竞赛次数增加，网球、垒球以及女子排球项目的运动员希望竞赛次数能够有所减少。

二、英国精英后备人才培养特征

英国精英后备人才选拔更具针对性。英国由英格兰、苏格兰、威尔士和北爱尔兰四部分组成，各自的地方政府体育机构和区域体育理事会负责发展体育事业。由于英国国土面积较小和行政区划的特殊性，英国精英后备人才的选拔体现了明显的针对性，选拔对象针对具有天赋的高水平竞技人才，选拔主体是专门的人才选拔队伍。在人才选拔方面，英国体育理事会和英国体育学院联合建立了专门的人才选拔队伍，为"世界级运动员计划"涉及所有夏季奥运会和残奥会及冬奥会的项目选拔精英后备人才，并把运动员分为三个等级——领奖台级（在奥运会或残奥会上有实力获得奖牌的运动员）、发展级（在奥运会、残奥会或其他世界大赛上获得前 5 的运动员）、天才级（经过严格选材并被认定是通过努力有潜力成为世界级选手的运动员）——选拔具有天赋的运动员[1]。英国体育人才选拔分为三

---

[1] 王志威. 英国体育政策的发展及启示 [J]. 上海体育学院学报，2013，36（01）：5-10.

个阶段：学校筛选、专项测试和人才培养。第一阶段包括在学校采取各种体能和生理测试进行筛选。体育教师在英国体育人才选拔人员的支持下完成这类测试，将测试结果报送各区域负责选材的协调员，在全国范围进行比较，每项测试排名在前的学生（按1∶3的比例）均可进入第二阶段。第二阶段则在第一阶段的基础上对测试精确度做了改进，并包含了专项实验室测试。第三阶段适用于被认定具有某一专项运动才能的学生，将邀请他们参与由区域或国家体育机构组织的天才运动员计划。其中，评定的办法是采用选定的体能、生理及技能测试，以选拔运动天赋较好的青少年。

三、德国精英后备人才培养特征

1. 场馆设施开放共享、实现价值最大化

德国的体育场馆、设施主要由政府出资建造，主要满足体育竞赛和群众体育的需要。德国的学校、俱乐部、体育中心、训练基地选址都相互靠近，体校与附近学校、俱乐部相互靠近，场馆设施相互共享，即教学期间由学校负责使用管理这些场馆，下午放学后或节假日，则由体育部门负责使用与管理。这样使体育场馆的价值实现最大化，不会因为闲置而造成资源浪费，体育场馆的开放在很大程度上激发了市场的活力，社会组织可以依靠这些场地来举办一些竞赛，为后备人才提供更多的参赛机会，增加后备人才的实践经验，通过举办比赛可以扩充后备人才的数量，使更多的人可以投入到该项目的训练当中。体育场馆后期的维护费用，就不再是政府全部负责，政府会和共享场地的社会组织共同来承担这笔费用，这样会很大程度上减轻政府在场馆维护上面的财政压力，政府会将节约的资金用于培养后备人才。同时，德国对非营利的体育俱乐部和协会进行减税，体育俱乐部和体育协会的捐赠者，是可以减免个人所得税的，俱乐部和协会使用体育场馆也可以免费或者是较低的价格租用，政府和俱乐部之间会进行资源共享[1]。在这整个过程中，资源的共享有效地发挥了市场在培养后备人才中的促进作用，为后备人才提供参赛机会、增加其参赛经验的同时通过竞赛发现更多优秀的后备人才。同

---

[1]田丰.发达国家青少年体育发展的经验梳理及启示[J].中国青年研究，2017，16（12）：26-32.

时，通过赛事项目的宣传和推广，制造出浓厚的体育氛围，让更多的人了解该项目，并积极投入其中为后期后备人才的选拔打下坚实的群众基础，扩充本国的后备人才库。

2. 对运动员结构进行严密划分

德国的竞技体育运动员主要分为 A、B、C、D/C 和 D 总计 5 级。A 级运动员是成绩属于世界顶尖水平的运动员。B 级运动员是年龄已经超过各项目对 C 级运动员的规定、中期有望达到世界顶尖水平的运动员。C 级运动员是各单项运动协会联邦一级的后备人才。D/C 级运动员属于州一级运动员，是由单项协会从 D 级运动员中选拔出来的、有竞技体育发展前景的运动员，他们在各州资助的范围内，但是也被纳入各单项协会的资助措施中。D 级运动员是运动员等级体系中的第一级，通常已在体育俱乐部中得到多年的支持和培养。

德国对运动员结构进行严密的划分保证优势资源主要集中在有夺牌潜力的选手，将其确定为重点扶持对象。这些具有夺牌潜力的选手主要是具有"奥运骨干"称号的 A 级和 B 级运动员，他们会全力备战下一届奥运会；还有就是具有"发展前景的运动员"称号的 B 级和 C 级运动员，他们主要是为 8 年之后的奥运会做准备。没有获得这些称号的运动员则统一称为"后备人才"得到长期培养。但德国近年的 B 级运动员逐渐减少，因为从 B 级运动员晋升到 A 级运动员的比例并不高，所以 B 级运动员数量在不断减少。德国对运动员的结构进行等级划分，可以做到让资源通过有针对性的投入得到更好的利用，获得较好的效果。这种等级划分可以使那些不具有发展潜力的运动员较早地为自己未来进行规划，提前实现运动员职业转换。对于具有发展潜力的运动员，德国政府并不是让他们只进行竞技训练，他们还会和教育部进行合作让运动员定期进行文化课的学习，为运动员提供更为灵活的培训机会。这些运动员最后也是会进入高校继续学习，主要是通过"高效特别配额"的方法，高校会对这些高水平运动员进行特招，通过文化和技能的考试合格后让运动员进入大学。在大学里面，她们的训练和学习会得到合理安排，也做到了学习和训练两不误。

四、俄罗斯精英后备人才培养特征

1. 独特高效的"启蒙训练"

在网球后备人才的训练过程中,俄罗斯教练员探索出了一套高效的"启蒙训练"。"启蒙训练"指年纪较小的运动员在训练时,由于每个教练的训练方法和手段有一定的差异性,当运动员不能适应教练的训练方式时,运动员通过更换教练来进行训练,而不强制要求他适应教练的训练方式。如果强制要求运动员适应教练的训练方式,可能会因为运动员擅长进攻但教练员擅长防守而要求运动员加强防守的练习,弱化其在进攻方面的优势;但如果申请更换擅长进攻的教练来对运动员进行训练,就会对该运动员的训练更有针对性,使其在较短的时间内最有效地提高运动成绩。此外,这种"启蒙训练"并不是"一体化"训练模式,即每个人的训练计划都是一致的,而是充分地做到了对运动员自身的优势的保留,挖掘出运动员自身的个性,在运动员遇到瓶颈时也能有效地帮助其克服。

2. 双向流通的运动员进出通道

俄罗斯的"启蒙训练"为运动员打下了扎实的基本功,在运动员的运动水平达到一定高度后,政府会把具备发展潜力的运动员"送出去",即送到国外网球运动更为普及和水平更为高超的国家接受科学的、有效的、针对性的训练,与不同风格的运动员进行交流学习,适应各种打法的运动员,提高自身的适应能力。而"引进来"指对国外优秀教练员和优秀的教学经验的引进,在不断为教练团队注入新鲜血液的同时,通过定期为国内的教练员组织培训,提升教练员自身的教学水平,进而满足不同阶段运动员技战术水平提高后对教练员的需求。运动员"走出去"、教练员"引进来",保障了运动员与教练员输送与引进渠道通畅,提升了运动员技战术水平与教练员的教学水平。

第三节　国外精英后备人才培养启示

一、加强学校和体育俱乐部合作

宽厚的后备人才基础是精英后备人才培养的必要条件。夯实后备人才基础的关键在于提升初级培养阶段精英后备人才的数量和质量。我国可效仿英德加强中小学，尤其是小学，和体育俱乐部的合作，将俱乐部训练引入校园，在普及运动项目、提升学生兴趣的同时为具备一定运动天赋的学生提供训练、竞赛环境，做到数量、质量两手抓。此外，政府还可通过推行体育俱乐部进校园计划、出台诸如减免税收等优惠政策助力二者合作，在精英后备人才初级培养阶段最大限度地发挥俱乐部的功能，使更多的青少年网球爱好者参与到训练竞赛活动中，以夯实精英网球后备人才储备的基石。

二、丰富的人才选拔考核标准

优异的竞赛成绩已不能作为当前精英后备人才培养的唯一标准，多元的选材、考核标准是国外竞技体育强国在精英后备人才全方位培养过程中的必要条件。面对我国精英网球后备人才选拔的标准单一性问题，可借鉴或效仿德国、俄罗斯等国家的经验，以制定符合自身实际的综合性选拔考核体系：如考核指标不局限于专项成绩，应当包含身体素质、发展潜力、文化水平、个性特征、技战术增长水平等内容；考核方式不局限于竞赛，应当包括性格测试、文化考试等内容；考核频率相对固定。此外，经过综合性考核体系筛选而淘汰掉的部分后备人才可通过转入职业院校学习等方式提前实现职业转换，实现了后备人才发展的多元路径和合理分流。

三、多元化的人才培养模式

培养模式的多领域介入主要体现在培养主体和培养本身两个方面。就培养主体而言，当前我国精英网球后备人才的培养以政府为主，家庭、俱乐部培养极少且不成熟。政府、家庭、俱乐部等培养模式各有特点且相互独立、相互补充、相互竞争又相互协作，在精英网球后备人才培养中各自占有不可或缺的位置。因此，要积极推动家庭、俱乐部等社会力量参与到精英网球后备人才的培养中来，用市场的力量刺激精英网球后备人才的培养。在多元化的培养模式中由于投资主体、价值取向、管理主体的多元，相应地在培养方式上也应体现多元化的特征，通过多种培养方式的探索、尝试，真正调动多元主体的力量和积极性，形成精英网球后备人才培养的"散养模式"，突破一元模式的困境，进一步提升精英网球后备人才培养效率。

四、完善的青少年网球竞赛体系

竞赛是精英后备人才培养过程中至关重要的环节，当前我国青少年网球竞赛体系还不够完善。就竞赛的数量而言，应该保证精英网球后备人才在初、中、高各个阶段均有充足的竞赛参与；就竞赛质量而言，应该注重各个阶段不同的竞赛需求有针对性地进行竞赛安排。在初级培养阶段实现提升兴趣、进行专业比赛过渡的目的；在中级培养阶段尽可能多地安排比赛达到以赛代练、提升专项技术的目的；在高级培养阶段达到提升竞赛能力、通过比赛转职业的目的。此外，我国可效仿美国对不同体系的比赛进行竞赛网络日程上的高度协调，尽可能地错开不同体系的比赛，让运动员拥有更多的竞赛参与机会。

五、高度重视运动员的文化教育

文化知识是后备人才长期发展的重要基础，更是精英运动员综合素养的重要体现。根据国外部分竞技体育发达国家对精英后备人才培养经验总结得知，这些国家都非常重视运动员文化知识的学习，尤其是精英后备人才基础培养阶段的文化知识教育，以此为精英运动员的培养和发展奠定了坚实基础。精英后备人才文化知识学习的重视体现在思想层面的重视性和具体措施层面的灵活性。可将文化成绩作为运动员升学、选拔的决定性依据，只有将其提升到重要和决定性的地位上，使培养主体、教练员、家长和运动员都从根源上意识到文化知识学习的重要性。

文化知识学习的具体措施层面可以比较灵活，通过集中上课、适当延长精英后备人才学习年限、将比赛和训练多安排在周六和周日等具体措施为运动员提供更多的学习时间、更便捷的学习方式。

第五章　我国精英网球后备人才培养的路径对策

本章基于我国网球事业发展对精英后备人才培养的发展需求，全面分析当前我国精英网球后备人才培养存在的现实问题，参考借鉴国外网球发达国家精英后备人才培养的模式经验，提出了精英网球后备人才培养的发展路径，即包括培养理念、培养机制、文化教育、服务保障和造星工程等的全方位实施策略。

第一节　更新精英网球后备人才培养发展理念

先进发展理念是精英网球后备人才培养的价值遵循和目标引领，中国精英网球后备人才培养要树立"全面、全程、全人"的精英化"大人才观"发展理念："全面"是指精英网球人才要具备普及示范、行业引领、国际竞争、精神传承和民族担当的全面价值，以满足精英网球后备人才的全面发展需求；"全程"是指不同年龄阶段、不同发展阶段、不同培养阶段都应具有层次性、阶段性和针对性的培养方案；"全人"是培养兼具健康体魄、专业能力、成熟心智、高尚道德、文化修养和进取精神等全面素质的"现代化精英网球运动员"。

一、体现精英网球后备人才的全面价值

精英网球后备人才的培养要充分体现"精英性"人才的全面价值追求。

第一，要体现精英网球后备人才的行业引领价值。精英网球后备人才的全面价值不仅要体现对青少年网球爱好者和普通后备人才的普及示范价值，代表中国网球实力水平和国内职业网球领域竞争水平，还要在国际职业网球领域中体现中国竞技网球的实力和中国网球的国际竞争性。

第二，要体现精英网球后备人才的精神传承价值。精英网球后备人才更重要的价值在于体现中华民族和中国体育的精神传承，以充分发挥对中华民族的宣传责任和担当价值。

由此，具备普及示范、行业引领、国际竞争、精神传承和民族担当的全面价值，才能充分满足精英网球后备人才培养的全面发展需求。

二、加强精英网球后备人才的全程培养

精英网球后备人才的培养是一个系统而持续的过程，每个发展阶段都具有相应的发展特点和规律要求。

第一，要把握精英网球后备人才成长发展的阶段性规律。对精英网球后备人才的培养应该遵循不同年龄阶段青少年的成长规律，把握不同年龄段的身体素质发展敏感期，合理开发和塑造运动员的身体运动潜能。

第二，要明确精英网球后备人才训练阶段的针对性要求。对精英网球后备人才的培养要遵循不同训练发展阶段的训练规律，基础训练阶段、专项训练阶段和最佳竞技阶段的训练要求，注重训练方法选择和负荷安排的合理性和有效性，最大化地促进青少年运动员竞技能力的发展和提高。

第三，要处理好精英网球后备人才培养阶段的矛盾关系。对精英网球后备人才的培养还要遵循不同培养阶段的发展要求和基本原则，处理好不同培养阶段训练与比赛、职业赛训与文化教育、专业培养与职业发展、人力支持与服务保障等之间的关系。

三、提高精英网球后备人才的全人素养

精英网球后备人才培养的最终目标是提高或实现精英人才的"全人"能力和素养，是体现精英网球后备人才全面价值的基本要求，其"全人"素养即兼具高

尚道德、成熟心智、健康身心、专业能力、文化修养和进取精神等的全面素质。

第一，要树立精英网球后备人才全面发展的教育观。精英网球后备人才的全人素养就是在健全人格的基础上，促进精英后备人才的全面发展，让每个生命个体的潜能得到自由、充分、全面、和谐的持续发展。简言之，其培养的基本目的就是培养有潜力的青少年网球运动员成为有道德、有知识、有能力、有素养、有追求、和谐发展的"全人"。

第二，要树立精英网球后备人才培养以人为本的发展观。要把重视运动员、理解运动员、尊重运动员、爱护运动员和发展运动员的观念贯彻于精英网球后备人才培养的全过程、全方位；要关注运动员的现实需要和未来发展，注重开发和挖掘职业运动员自身的禀赋和潜能，重视运动员自身的价值及其实现。

第三，要树立精英网球后备人才职业发展的培养观。全人素养是"大人才观"培养理念的基本内容，是全人教育思想理念的内在范畴，秉承全人素养的精英网球后备人才培养理念既是遵循精英人才发展的价值规范，也是职业体育发展的现实需求，要重视网球运动员职业发展需求和特征，加强精英后备人才职业素养的提升和培养，促进精英网球后备人才全人素养能力的全面提升。

第二节　完善精英网球后备人才培养发展机制

2020年9月22日，习近平总书记在教育文化卫生体育领域专家代表座谈会上指出："加快推进体育改革创新步伐，更新体育理念，借鉴国外有益经验，更好发挥举国体制在攀登顶峰中的重要作用，为我国体育事业发展注入新的活力和动力。"这为新时代体育人才培养工作提供了新思路，精英网球后备人才的培养不仅应继续发挥我国特有的举国体制优势，而且还应积极挖掘社会和市场的培养潜力和力度，同时，也要进一步完善优秀运动员成长的体制机制，广泛借助社会、市场、学校、家庭等多元主体力量，实现精英网球后备人才的多元化培养。

一、创新"双轨制"精英网球后备人才培养机制

在充分发挥中国特色竞技体育制度优势的基础上，创新采用举国体制与职业化相结合的"双轨制"培养模式，在发挥举国体制优势的同时，要围绕新举国体制下如何调动更多社会力量支持运动员训练参赛进行研究，以创新举国体制与市场机制相结合的精英网球后备人才培养机制，以完善精英网球后备人才培养和运动队组建模式和制度。

第一，要建立分阶段的双轨制培养机制。在精英网球后备人才的基础发展阶段和世界重大赛事的备战过程中，要充分发挥举国体制在人力保障和资源整合等多方面的集中优势，在专项和最佳竞技阶段充分调动、引进和发挥市场的支撑作用，配合与完善国家为主导的人才培养模式，调动社会各级各类体育资源和力量，全面提升精英网球后备人才培养的效率。

第二，要制定社会力量参与人才培养的鼓励激励办法。进一步动员社会力量参与人才培养，通过设立专门激励政策调动多元主体参与积极性，打造多元化优秀运动员培养模式。

第三，要夯实精英网球后备人才培养基地。教育、体育系统以及协会、俱乐部等要联合出台相关政策，更好地引导运动项目特色学校、学校运动队、业余体校、体育俱乐部有机结合，利用多方力量建设新型国家队，夯实精英网球后备人才培育基础。

二、完善精英网球后备人才选拔评价机制

精英网球后备人才的选拔是保障精英网球后备人才可持续发展的基础和前提，新时期要继续优化精英网球后备人才的选拔标准和形式，打造全方面的选拔标准和多样化的选拔形式，以进一步构建常态化的精英网球后备人才选拔机制。

第一，应完善多方面的精英网球后备人才选拔标准。在注重比赛成绩和赛事积分的基础上，要考虑涉及运动员的技术打法、比赛能力、心智能力、发育水平、身体素质和文化知识等的评价，对各评价指标进行不同比例的分值考量，以形成更加全面的评价标准。

第二，应不断优化网球后备人才选拔制度。通过逐步成立网球后备人才选材专家团队，完善多样化的精英网球后备人才选拔形式。每年都要举办 U10、U14、U16 等不同年龄段的选拔训练营，并聘请不同评价指标的专家团队进行全面、专业考核分析，保证选拔评价的公平、公正和客观。

第三，应采用分阶段的精英网球后备人才评价考核退出机制。要对已选的后备人才进行每两年的定期评价和考核，以激发精英网球后备人才的参训动力和形成良性的竞争环境，以形成精英网球后备人才培养的竞争准入和竞岗退出机制。

三、构建网球特色学校与俱乐部协同培养机制

面对网球后备人才数量萎缩和运动员文化教育不足等的问题，在体教融合政策的主导下，大力推进网球传统特色学校与网球俱乐部的协同发展，对推动体教融合的有效落实，提升网球后备人才储备与全面培养有重要意义。

第一，建立网球特色学校与俱乐部的联动组织机构。在各省市教育局和体育局的配合协调下，由地方体育局领导、传统特色网球学校相关领导及具有代表性的网球俱乐部领导组成发展联盟的领导层，成立网球特色学校与职业俱乐部发展联盟，并成立执行和监督小组，共同制定协同发展的相关政策与制度，做好顶层设计与全局把控。

第二，建立网球特色学校与俱乐部的资源共享办法。联动将以自愿参与的网球传统特色学校和网球俱乐部为对象，根据传统特色校的实际情况和网球俱乐部的硬件设施、教练员水平、参加专业比赛的次数和成绩，按一定比例进行联动，以实现推动网球传统特色校和网球俱乐部的资源共享、优势互补、协同管理。对于网球传统特色学校而言，要分享其文化教育资源和入学考试资源；而对于网球俱乐部来讲，要共享网球教练、场地和比赛等资源。

第三，建立网球特色学校与俱乐部协同的激励、评价措施。要建立统一、规范、公平且适宜的激励和评价措施，对网球传统特色学校和俱乐部给予一定的政策与资金支持，并定期对特色学校和俱乐部进行评估评价，准确找出和及时解决存在的问题。

第四，制定网球特色学校与俱乐部发展的补偿办法。通过直接补偿（财政转

移支付或运动员直招名额）和间接补偿（技术资金支持、项目合作、信息共享）两种方式补偿利益受损方，同时，拓宽补偿资金的筹措渠道，如举办传统特色校与俱乐部联赛，获得赞助费、广告费等，充分利用体育赛事、传媒等市场化渠道筹措资金。

四、加强精英网球后备人才职业素养培养机制

职业素养能力是精英网球后备人才培养的重要内容，应该通过制定职业素养培养计划、丰富职业素养教育形式和发挥冠军榜样的培养效用等，全面提高精英网球后备人才的职业素养能力和水平。

第一，制定精英网球后备人才职业素养培养计划。应制定精英网球后备人才职业素养培养计划和理想信念教育学习计划，用"祖国在我心中"等新时代主题教育活动强化精英网球后备人才的理想信念，把对精神、意志、心理和作风的锤炼融入运动队日常生活和训练比赛中，使运动员对胜利与失败、艰辛与快乐、健康与伤病、努力与回报等有理性理解和深刻认识。

第二，丰富精英网球后备人才职业素养教育形式。应采用不同形式的讲座、会议和参展等学习活动，对不同年龄段的精英网球后备人才进行针对性、个性化的职业素养能力教育，以全面提升后备人才的自我约束和管理能力。

第三，发挥榜样宣传对精英网球后备人才的培养效应。应对知名网球运动员先进典型案例进行宣传，应树立网球冠军形象代表大使，帮助精英网球后备人才树立自我教育的榜样，帮助精英网球后备人才建立正确的价值判断和价值取向。

五、丰富精英网球后备人才跨域流动机制

我国竞技网球发展存在明显的区域不平衡特点，浙江、江苏、北京、上海和天津等是竞技网球强省（市），要实现"集中力量""集中优势"提高精英网球后备人才的培养效率。

第一，应加强竞技网球强省（市）建设与发展。要集中力量、发挥优势，推进竞技网球强省（市）建设，对其省市队或网球运动学校给予针对性的政策支持和资金投入，以保证具有精英网球后备人才培养能力的单位的良性、持续发展。

第二,要鼓励精英网球后备人才跨域流动。需充分肯定地域流动对精英网球后备人才培养做出的积极贡献,从政策层面要鼓励和支持优秀网球后备人才区域交流与联合培养,发挥人才培养的聚合效应和合作价值,以实现人才培养的区域优势互补作用。

第三,应完善青少年运动员跨域交流的鼓励制度和激励办法。要鼓励和奖励流出省份对优秀网球后备人才培养的贡献,对于输送省市和地区的贡献进行全面的认定和合理奖励,应制定专门倾斜性政策,积极科学地引导精英网球后备人才的区域间流动,鼓励流出省市或地区培养和输送更多的优秀青少年后备力量,提高精英网球后备人才的培养效率。

第四,应加强区域间优秀网球后备人才之间的学习和交流。各省市网球运动学校之间或与国外网球学校等要多开展交流活动,以促进在训练、管理、教育和保障等方面的经验分享和交流,实现相互借鉴和共同进步。

六、建立精英网球后备人才多元培养反哺机制

对学校、企业、家庭、俱乐部和社团等输送培养的优秀网球后备人才给予相应鼓励和奖励,有效激发不同人才培养模式参与主体的积极性和能动性,以建立和形成"互惠共生"的后备人才培养体系。

第一,加大精英网球后备人才培养多元主体的扶持力度。应扶持壮大我国社会组织、职业体育组织、俱乐部组织和家庭等主体的培养实力,使其逐步具备自主培养后备人才的能力和条件,为进一步推进我国精英网球后备人才的职业化、市场化培养发展。

第二,调动精英网球后备人才培养多元主体的积极性。调动学校、家庭、企业等在竞技网球发展中的参与意识,在学校体系中建立贯通"小学—初中—大学—职业体育"的人才传递体系,调动学校和家长支持学生参与竞技体育的积极性,调动具有社会责任意识和体育兴趣的企业赞助网球后备人才培养。

第三,建立精英网球后备人才培养的反哺制度。对学校、企业、家庭、俱乐部、社团等培养的优秀运动人才输送到国家队、省队等系统的,应给予相应的奖励,对运动员等无形资产的开发应给予投入企业、俱乐部等适当的利益分配保障,

建立常态、有吸引力的反哺机制，以形成"互惠共生"的后备人才培养体系。

第三节 丰富精英网球后备人才文化教育形式

文化教育不足是长期以来精英网球后备人才培养过程所面临的一个难题，处理好训练竞赛与文化教育的关系是提升精英网球后备人才培养效率的关键要点。在"精英性"网球后备人才培养目标的导向下，更应该采用分阶段、多元化和精准化的文化教育方式和形式，促进精英网球后备人才的全面发展。

一、打造精英网球后备人才文化教育系统化制度体系

精英网球后备人才的文化教育多元化培养应通过体教融合推进政策、分阶段文化教育形式和完善升学渠道等方面保证运动员文化教育的多元化培养。

第一，要落实体教融合相关政策。教育和体育部门要协同落实体教融合相关政策，联合出台运动员体教融合实施计划或方案，共同打造运动员体教融合培养体系，协同多方力量推进运动员培养的学校化和社会化，从而选择更多文化基础好、运动天赋优的运动员进入精英后备人才序列。

第二，要实施分阶段多形式的文化教育方式。要针对不同发展阶段精英后备运动员进行针对性的文化课程设计，在不同教育阶段安排不同的教育方式：在小学基础教育阶段，主要通过班级授课对优秀后备运动员进行基础文化知识的教育；在中学发展提高阶段，可通过班级授课和职业培训等对优秀后备运动员进行通识教育，还要逐步增加课余补课与送教上门等教育方式；在转入准职业阶段，要积极采取送教上门与线上教学等方式，主要对精英后备运动员进行职业素养和专业知识的针对性集体授课或线上学习等方式，以全面提升精英后备人才的文化教育质量。

第三，要完善运动员升学通道和优化就业保障。应充分发挥小中大学各级学校对精英运动员文化教育的培养价值，积极打通运动员从小学到大学的上升渠道，提供运动员文化教育与就业保障，颁布新的运动员文化教育与就业保障政策，解

决家长对运动员教育与出路的担忧,为运动员提供更好的文化学习环境和退役后的就业保障。

二、实现精英网球后备人才文化教育一体化实施体系

一体化推进是深化体教融合的有力措施,精英网球后备人才的培养应实现组织、学训和学赛的一体化发展,以打造精英网球后备人才一体化的文化教育体系。

第一,要由教育和体育部门协作配合实现组织一体化。建立后备人才的体育工作部际联席会议制度,强化各级党委和政府的主导作用和主体责任,将教育、体育改革纳入议事日程,以党的威信统领顶层设计、总揽全局、协调各方,突破教育和体育部门规章限制,开展有效的部门合作与协作模式,形成教育和体育部门协作的组织一体化体系,从根本上破除制约体教融合发展的机制障碍。

第二,要实现文化学习与训练竞赛协调发展,做到学训一体化。应推动后备人才文化学习和训练竞赛协调发展应对学训矛盾,其实质是平衡学训失衡、构建学训一体化培养机制,通过强化精英后备人才学业考核评价,配齐配足配优文化课教师,加强教育教学管理,以优质教育资源和教育条件提高竞技体育人才文化教育水平。

第三,要实现文化考核成绩与参赛资格获取的关联,做到学赛一体化。加强精英网球后备人才文化成绩与参赛资格的关联性,建立后备人才文化学习与赛事体系密切配合的体教融合运行机制,强化竞赛的杠杆作用,实现学赛同步、学赛互促的一体化发展。

三、打造精英网球后备人才文化教育全方位保障体系

面对网球后备人才学训矛盾这一突出难题,要积极采用动态性的精英网球后备人才教育方式,通过完善制度体系、加强集训基地文化教育和采用线上数字化教学等多元文化教育形式等建立动态性的精英网球后备人才学训体系。

第一,要完善解决运动员学训矛盾的制度办法。通过教育和体育部门联合制定针对青少年运动员文化教育的相关支持性政策,健全运动员的动态培养方案、转训制度、请假制度、学分制度、考核制度等,制定针对重大赛事的延期补课和

考试制度，探索适应精英网球后备人才文化教育和训练竞赛的灵活性策略，以形成教育和体育协同治理的文化教育体系。

第二，要加强后备人才训练基地的文化教育师资力量。后备人才训练基地是精英网球后备人才培养的重要力量，针对后备人才长期外出集训耽误文化教育的突出问题，应该针对性在训练基地或集训中心等开展专门的文化教育课程，加强后备人才训练基地的文化课师资队伍建设，以保证精英网球后备人才在集训期间开展正常的文化教育学习。

第三，要采用多元化的文化教育形式资源。针对精英网球后备人才长期外出比赛和集训等问题，要利用智能化教育方式和数字化教学技术，积极完善运动员线上文化教育课程体系，实现精英网球后备人才文化教育资源共享，以最大化保证比赛和集训等外出期间的文化课教育任务。

第四节　优化精英网球后备人才服务保障体系

现代职业网球训练需要技术、心理、科研、医疗、营养和管理等的全面服务，精英网球后备人才的培养需要人力和物力的多方面保障。在举国体制和市场支持的全面保障下，应打造适应不同年龄和竞技水平的精英网球后备人才服务保障机制，通过优化精英网球后备人才复合教练团队、组建精英网球后备人才专家指导团队、拓宽精英网球后备人才培养投资渠道和完善精英网球后备人才训练保障模式等全面提升精英网球后备人才培养的服务保障水平和综合支持力度。

一、优化精英网球后备人才复合教练团队

精英网球后备人才的培养需要精英教练员团队的保障和支持，应在建设个性化教练员团队、建立和谐的教练员运动员关系和健全教练员人才梯队建设等方面着手落实。

第一，应加强个性化教练员团队建设。应根据不同水平和特点的精英网球后备人才，在不同省市地区和专业队针对精英网球后备人才构建个性化的训练保障

团队,以整合复合型保障团队的人才资源和协作力量,实现不同成长阶段精英后备人才保障团队的相互衔接和高效协作。

第二,应建立和谐的教练员运动员关系模式。应把增强团队凝聚力、打造良性团队关系作为重要内容,形成训练理念、目标任务、训练方法、性格感情等相匹配和适应的良好教练员运动员关系模式,实现相互尊重、和谐共处、共同进步的师徒合作关系。

第三,应注重精英教练员人才梯队建设。应定期开展精英网球教练员培训和学习活动,选派优秀网球教练员赴国外交流和培训,不断加强精英教练员思政教育和文化学习,积极加强与国际网联合作制定精英教练员培育计划,全面实现高水平网球教练人才梯队建设。

二、组建精英网球后备人才专家指导团队

精英网球后备人才培养需要业内训练专家的及时督导和全面指导,以充分发挥网球训练专家智囊团队的督导作用。

第一,应组建不同国家流派的国内外网球训练专家指导团队。应该聘请国内外资深网球训练专家,组成精英网球后备人才训练专家团队,定期定时开展全国各级网球后备人才的网球训练督导工作,开展对技术难点、训练难题和管理经验等方面的全面指导和经验分享,对精英网球后备人才的训练实践提供专业指导和建议参考。

第二,应合理构建不同领域和分工的精英网球后备人才专家指导团队。要充分配备不同技术专长、战术打法类型、专项体能训练、运动心理辅导和网球训练管理等多方面的专家智囊团队,对精英后备人才进行不同方面的专业诊断和辅导。

第三,应制定精英网球后备人才专家指导团队的考核与保障条例。应完善专家指导团队选拔、补贴和考核等要求,形成体系化、系统化和制度化的专家智囊团,以逐步推动精英网球后备人才培养工作全面展开,稳步促进中国精英网球人才培养计划全面落实。

三、加大精英网球后备人才培养社会支持

精英网球后备人才的培养需要大量的资金、人力、物力资源支持，应遵循网球运动项目职业化发展规律，以适应更宽、更广的职业化和市场化发展环境或氛围，需完善鼓励吸引社会培养投资主体参与精英网球后备人才培养制度和建立社会培养主体投资的回报和反馈制度。

第一，要积极引导社会培养主体投资精英网球后备人才培养与训练。应积极鼓励和引导社会机构或资本以投资、赞助等多种形式参与精英网球后备人才的培养与训练，尤其要注重进入准职业期U16~20等重点人才梯队的资金投入和赞助力度。

第二，要鼓励宣传社会机构投资青少年职业网球赛事开发与运营。应设置青少年赛事运营收益对青少年训练的反哺条例，使更多的社会机构组织对青少年网球赛事进行投资和赞助，以保证赛事的奖金吸引力和设施优越性，以发挥网球赛事对精英网球后备人才培养的引导和宣传作用。

第三，要全面完善社会投资主体合作的相关制度条例。应完善社会投资主体与精英运动员个体或网球协会等进行合作的相关制度，应完善精英网球后备人才对投资主体的宣传和代言条例，对投资培养主体进行合理宣传和反哺回报，以保证社会投资主体的合法权益和积极性。

四、完善精英网球后备人才训练保障模式

为提高精英网球后备人才训练的科学化和高效化水平，应深化开展青少年网球运动项目制胜规律研究，科学处理青少年网球训练与参赛的关系，大力推动科技助力精英网球后备人才培养，通过打造多元化高水平科学训练基地、建立数字化训练数据库、完善集训备战制度和优化赛训合理模式等，以全面提升精英网球后备人才训练参赛的科学化水平。

第一，加强多元集聚型的精英网球后备人才科学训练基地建设。围绕精英网球后备人才项目、区域分布的地域集群优势特点，遵循网球冠军成长的地缘集群规律和特征，秉承优势互补思路，科学引导精英网球后备人才分布的"马太效应"，

全面统筹不同地区网球运动文化和经济社会资源对精英后备人才培养的影响,要建立多面、多点、分区的青少年网球集聚型科学训练基地,重点在长江流域、华东地区、东南沿海等地区打造适应地缘优势特色的网球训练基地,以实现精英网球竞技后备人才的精准培养。

第二,建立优秀网球后备人才训练和竞赛的科学数据库源。需顺应运动训练模式数字化革新与趋势,需充分发挥训练信息对科学训练的指导作用。需准确把握网球运动规律和比赛特征,应打造精英网球后备人才网球数据平台,应科学筛选数据采集指标和竞技要素,应选择智能化数字化的监控手段与方式,对不同年龄段精英网球后备人才的专项技术、生理机能、身体素质和心理智能等综合竞技能力进行定期的测试和评价,并对训练信息等进行综合处理与科学分析。加强青少年网球运动大数据平台建设,收集数据、分析处理和科学应用,为教练员训练提供切实客观的参考,为精英网球运动员冠军模型建立奠定基础,以全面提高青少年网球训练的科学化和智能化水平。

第三,强化精英网球后备人才集训管理制度。应制定针对不同年龄段的精英后备人才特征,制定年度选材集训、年度选拔集训和年度强化集训等分级分层的集训管理制度;应完善精英网球后备人才队伍激励、竞争与退出制度,建立鼓励激励措施、评估考核标准、淘汰退出办法等,保障精英后备人才合理"进入"与"退出"的竞争氛围和环境。

第四,优化"以赛促练、以赛代练、赛练结合"的训练模式。需坚持遵循职业网球运动小周期高强度的参赛规律特征,统筹青少年网球运动员训练与竞赛,完善不同训练阶段的精细化参赛设计方案和实施办法,将"以赛促练、以赛代练、赛练结合"的科学训练理念和模式融入精英网球后备人才各个成长阶段,要结合项目特征和青少年身体发育特点全面处理好训练与竞赛、负荷与恢复的关系,从而有效提高青少年运动员网球运动技术、身体机能和心理素质水平。

第五节　打造精英网球后备人才造星工程计划

借鉴日本等亚洲竞技网球发达国家的后备人才培养经验和模式，我国精英网球后备人才的培养需要有计划、有步骤、有保障地实施精英网球后备人才"造星工程"。遵循国际精英网球人才培养规律，以一批优秀后备运动员为培养重点，发挥体制和市场两个方面优势，整合各方资源和支持要素，通过建立精英网球后备人才"造星工程"实施条例、完善国内国外合作训练模式和打造商业包装体系等，积极探索我国精英网球后备人才培养的新路径、新办法、新机制和新模式。

一、完善精英网球后备人才造星工程实施计划条例

为了稳步推进精英网球后备人才"造星工程"的全面落实，需要建立相应的实施计划、选拔条例和保障制度等。

第一，应制定精英网球后备人才"造星工程"实施计划。应充分根据我国精英网球后备人才培养的制度优势和资源条件，遵循网球运动员成才规律和培养原则，分析国际网球环境和发展趋势等，对造星工程的实现目标、阶段计划和具体步骤等进行全面系统的规划，以详细制定一个10年精英网球后备人才造星工程实施计划。

第二，应完善精英网球后备人才"造星工程"选拔条例。应遵循具有个性化优势突出、发展潜力较大和可塑性较强的网球造星工程人才培养要求，合理制定选拔人数、考核标准、选拔形式等详尽条例，保证最具潜力的优秀网球后备人才加入"造星工程"计划，以建立网球运动天赋好、发展潜力大、可塑性强、培养价值高的精英网球后备人才选拔和评估体系。

第三，应优化精英网球后备人才"造星工程"保障制度。应包括对参加"造星工程"的青少年网球运动员人力保障、资金支持、奖惩制度等，以实现对精英网球后备人才的有效支持和合理管理。

二、采用精英网球后备人才造星工程合作培养方式

为了保证和提高精英网球后备人才"造星工程"的实效性,应采用国内和国外合作培养模式、国家和社会合作赞助模式、本土教练和国外教练合作训练模式等。

第一,应充分采用国内和国外相结合的合作培养模式。选取国外知名网球训练学校或俱乐部进行每年长期的合作驻训或比赛,而国内仅进行短期的集中训练或比赛,使运动员接受国外先进训练理念和方法,积极参加国内外的高水平赛事,创造与高手同场竞技较量的机会,在实践中不断增强训练水平和竞技实力,不断提高国际竞争的信心和勇气。

第二,应采用国家和社会共同赞助的合作投资模式。网球协会要积极引导和寻找社会企业或公司进行合作投资赞助,参照日本经验,如日本网球协会与索尼公司联合启动的"45"造星计划,为日本培养出了锦织圭等数名世界顶尖网球选手,以实现国家荣誉和企业品牌宣传的双赢。

第三,应采用本土教练和国外教练合作训练模式。既要充分利用国外网球教练技战术训练的经验优势,又要充分发挥国内网球教练思想教育与日常管理等方面的优势特点,以最大化保障参与"造星工程"精英网球后备人才训练质量。

三、打造精英网球后备人才造星工程商业包装体系

建立围绕重点队员的商业化、市场化早期开发包装体系,采取对重点队员早期、重点、针对性投入的经费保障措施,对重点后备人才进行系统包装和全面宣传,形成造星工程的商业化包装体系。

第一,应早投入。引导政府、企业、学校和俱乐部等培养主体对具有较大发展潜力的精英网球后备明星给予政策、资金和人力投入,对竞训经费和教练费用等给予赞助和支持,以解决运动员培养早期的资金保障难题。

第二,应重包装。网球造星工程精英人才的培养应遵循网球运动职业化和商业化的发展规律,采用商业的运作方式和包装手段对重点后备人才进行形象塑造和实力包装,从专业技能、文化修养、个人形象和公关社交等方面给予职业打造和商业包装,以形成聚合形象。

第三，应多宣传。对于进入造星工程的精英网球后备人才而言，全面的宣传不仅有助于运动员职业发展的正向引导与自我激励，而且有利于青少年网球运动的氛围营造与文化渲染。可采用自媒体等多样宣传方式对不同年龄段的重点人才进行宣传，以打造各省市地区自己的青少年网球明星，以发挥网球推广、人才打造和城市宣传等的综合效应。

第二篇

精英网球教练员人才培养策略研究

教练员是中国体育事业开展和竞技体育水平提高的关键，教练员的专业能力和业务水平等综合素质直接关系到运动员运动技术水平的提高和竞技体育运动的发展，更关系到我国竞技体育事业的稳步发展和"体育强国"奋斗目标的逐步实现。早在 2010 年国家体育总局就成立了中国教练员学院，旨在通过完善中国体育教练员继续教育制度，优化体育教练员知识结构，提高体育教练员训练教学能力水平等，以打造高水平、高素质、高素养的中国教练员队伍。网球教练员是以组织者、引导者、合作者的角色投入网球运动训练和竞赛活动，对网球运动员的培养、训练和管理等具有重要的影响。网球教练员素质能力和业务水平也直接影响了网球运动员的素质能力和技术水平的提高，更关系到中国网球运动发展的高度。中国竞技网球曾在职业赛场和奥运赛场都取得了令人瞩目的优异成绩，但是，目前却面临国际网球赛事突破艰难、竞技网球后备人才培养乏力和竞技网球教练员储备不足等的现实困境，其中，精英网球教练员培养已经成为提高中国竞技网球运动水平的关键环节，是影响我国竞技网球再次突破的重要因素之一。

虽然，近年来中国网球协会也通过与国外网球协会组织进行交流和学习开展了有关精英网球教练员培训教育的相关工作，对我国精英网球教练员的训练理念、方法手段、管理能力等素质能力方面具有一定的提高和加强，但是，我国精英网球教练员队伍的建设和发展仍然存在诸多的困难与难题，如中青年网球教练员社会生存压力大、部分网球教练员学历水平与实际业务水平不一致、优秀网球教练员人才流失严重等问题。因此，培养高素质的中国精英网球教练员队伍，是实现奥运争光计划稳步实施和促进中国竞技网球运动发展的重要保证，也是我们当前所面临的一项紧迫任务。

鉴于此，本篇以我国精英网球教练员培养为主要研究对象，针对精英网球教练员的培养理念、培养模式、教育形式和服务保障体系等的现状与对策，分别对网球运动管理中心相关部门领导、高水平网球教练员和部分地市区网球协会管理者等 30 余人进行了访谈，以此为本研究奠定了基础和条件。通过明确我国精英网球教练员素质能力结构，分析中国精英网球教练员培养存在的问题与其原因，借鉴国外精英网球教练员培养的模式经验，以针对性提出当前我国精英网球教练员培养的可行路径与发展谏言，从而为我国精英网球教练员队伍建设和中国竞技网球事业持续发展等提供依据或参考。

第六章　精英网球教练员培养的概念界定与模式借鉴

第一节　基本概念界定

一、精英的概念

《辞海》中"精英人才"的定义是：指社会上具有卓越才能或身居上层地位并有影响作用的杰出人物，在一定社会里得到高度评价和合法化的地位，并与整个社会的发展方向有联系。精英散布于各行各业，如政治精英、学术精英、商界精英、科技精英和体育精英等[1]。意大利社会学家兼经济学家帕累托认为：每个人在身体、智力和精神上都是独立的个体，具备一定的差异性，在某一相对的时代或时期内的社会内，在某一特定阶层或群体中，就会存在具有更高天赋的一类人或群体，这些就是所谓的"精英"，他们是社会某一领域中才能突出者[2]。精英是一个多层次、多规格的概念，且评判标准有一定的主观倾向，在一定程度上精英是一个动态的不断变化与发展的历史概念，其定义因视角不同具有不同的侧重点[3]。在社会学视角下，精英是指在社会里得到高度的评价和地位，散布在各行各业，并对其发展具有推动作用的人才。随着新兴管理阶层的兴起，丹尼尔·贝尔发现权力与社会阶级之间的关系正在发生变化，即文化精英、专业精英或技术精

---

[1] 辞海编辑委员会. 辞海. 第6版. 上海：上海辞书出版社，2010.
[2] 帕累托（意）. 普通社会学纲要[M]. 田时纲，译. 北京：三联书店，2001：298.
[3] 郭石明，李青唐，傅剑，等. 教学研究型大学精英教育模式的分析[J]. 浙江工业大学学报（社科版），2007，42（4）：383-388.

英等专业技术人员也逐渐兴起。教育学视角下的"精英"更侧重于具有精英潜能的人。如丹尼尔·贝尔指出，在后工业社会中，大学是控制资源如知识、信息和技术的主要组织，科学家和研究人员是精英。可见，精英与高等教育密不可分，且教育会推动精英的发展，作为具有精英潜能的人，早期认为应该具有较高智力，随着时代发展，应该是全面发展的人，创造力成为精英的基本素质要求。由此可见，社会学视角下精英是指各行各业的专业顶尖技术人员，但在教育学视角指的却是具有精英潜能的特殊人才。由以上国外和国内关于"精英"的含义可看出，精英是指社会各方面中出类拔萃、处于顶端的、最优秀的一部分群体，若置于人才领域中，精英则是指精英人才，是人才中的一部分，即最拔尖的、最优秀的、最杰出的人。精英人才的本质特征是精英性，这种精英性不能仅由成绩优异、能力非凡、技艺高超、贡献卓越等来描述，还特别表现在精英所特有的意识、精神和文化。一言以蔽之，"精英"具有质的特殊性。

二、精英网球教练员的概念

我国教练员的定义可分为泛指和特指两类。教练员泛指是从事训练他人掌握某种技术和动作的人员[1]，如体育教练员、体能教练员、健身俱乐部教练员等。教练员特指为"体育教练员"，即在运动训练和竞赛过程中负责训练、指导、培养运动员的专业人员。如国家体育总局颁布的《关于深化教练员岗位培训教学改革，探索建立"能力本位"教学模式的意见》中，体育教练员是在体育运动训练过程中，训练运动员掌握运动技能、改善身体机能、提高运动技术水平，指导运动员参加竞赛并取得优异成绩为最终体现工作成效的专业技术人员[2]。在《中国大百科全书》（第2版）中，教练员是完成训练教学任务，提高体育运动技术水平，选拔培养体育人才，指导运动员参加比赛的战术技术问题的人员[3]。在《体育科学词典》中，教练员是从事竞技运动训练工作，培养运动员并指导他们参加运动竞赛，

---

[1] 中国社会科学院语言研究所词典编辑室. 现代汉语词典 [M]. 第6版. 北京: 商务印书馆, 2005.
[2] 关于深化教练员岗位培训教学改革，探索建立"能力本位"教学模式的意见 [J]. 中国体育教练员，2003（01）：20-21.
[3] 中国大百科全书编辑委员会. 中国大百科全书 [M]. 第2版. 北京：中国大百科全书出版社, 2009.

争取优异成绩的专业人员[1]。《辞海》中有关教练的传统定义是：本身具备专业能力、因材施教能力和高度认真的品质，在技能、心理和形体上都对被训练者在训练过程中进行关注和提升的指导人员[2]。《中华人民共和国职业分类大典》中对教练员这一岗位的主要工作内容是这样描述的，"教练员是体育运动训练和竞赛中的专业人员，主要负责指导、训练和培养运动员"，这个定义被认为是更客观准确的。但是，对精英教练员定义的研究较少，更多研究只是对"优秀"教练员的基本素质要求等进行了详尽阐释。如柳建庆等学者认为精英教练员除了具备基本的运动技术和专业知识以外，训练理念和执教经验较为重要，尤其面对训练的难题和比赛的突发状况能及时做出调整，大赛经验越丰富，就能更好地遵循比赛的制胜规律[3]。除此之外，精英教练员还应具备训练的创新能力，在训练和比赛中总结经验和不足，通过分析不同对手的特点，发现运动员的不足之处，创造出更有效的训练方法和技战术特点[4]。针对网球教练员的培养主要涉及培训的研究，如孙文兵认为网球教练员培训体系应该包括教练员等级培训内容、教练员培训等级和晋升制度、培训考核制度、培训时间形式、培训地点、培训导师队伍等方面；如王祁雅莉认为网球教练员培训体系应该包括培训制度、培训内容、培训时间、培训方式、培训师资和考核方式等方面。

基于上述相关研究参考结合专家访谈建议，本研究认为精英网球教练员是指具备一定网球专业运动技能和专业网球运动经历，具有先进网球训练理念和职业网球素养，在网球运动训练和竞赛中从事培养、训练和指导网球运动员的专业技术人员。

---

[1] 中国体育科学学会，香港体育学院. 体育科学词典 [M]. 北京：高等教育出版社，2000.

[2] 辞海编辑委员会. 辞海（文化、体育分册）[M]. 上海：上海辞书出版社，1981.

[3] 柳建庆，杨鹏飞. 微观视角下中国篮球教练员人力资本分析 [J]. 武汉体育学院学报，2008，31(3)：27-32.

[4] 李文超. 我国优势项目复合型教练团队的运行机制研究 [D]. 北京：北京体育大学，2013.

第二节　培养模式借鉴

　　《全国体育人才发展规划》《国家体育总局精英教练员双百培养计划实施办法》，提出了设立高层次专项人才计划，然而，具有高度职业化、市场化特征的网球与其他运动的发展有所不同，不论是运动员还是教练员更愿意走职业化发展道路。但是，分析我国出台的相关政策发现，国家培养的精英教练员主要是为国家服务，而不是国家出资培养教练后走职业化发展道路。要实现精英网球教练员对竞技体育实力提升的最大价值，就必须探索和建设有利于精英教练员作用发挥的环境和平台，创新精英教练员人力资源管理模式和机制。在竞技体育的不同发展阶段，精英教练员的名称不尽一致，即使淡化了"唯金牌论"的色彩，但实质依然是指导运动员获得金牌的教练员。我国各运动项目的教练员培养路径，大多处于传统的"师傅带徒弟""优秀运动员直接退役任教"及"以职称晋升为目的参加教练培训"等状态。虽然我国已经基本形成了以学历教育为基础，以岗位培训为重点，包括各类短期培训和信息服务等多种形式的教练员培训体系，但针对精英教练员的培养，国家并未出台相应职业化模式的培养计划，缺乏职业化、体系化、层次化的培养体系，无法适应新时代竞技体育和职业体育发展潮流。

一、师傅带徒弟的帮带模式

　　在我国"师傅带徒弟"培养模式尤为普遍。受苏联教练员培养模式的影响，最初我国教练员的培养采用的是最原始的"师傅带徒弟"的帮带模式，培养方法以经验传授为主，但这种模式培养出来的教练员带有鲜明的"保守""传统"特色。在这个模式中"师傅"角色显得非常重要，因为他将影响和制约着"徒弟"的执教理念和方式，对青年教练员从事教练工作生涯等的影响较大。这种培养模式主要以经验传授为主，不可否认这种模式也可以培养出优秀的教练员人才，虽继承了师傅关于训练方面的窍门，但使得训练执教具有明显的经验性而缺乏前沿性、科学性，不符合竞技网球人才培养的规律。然而，教练员的执教能力和水平是影响和制约竞技体育发展的一个重要环节，提高教练员素质已经成为世界各国提高竞技体育科学化训练水平的难题之一。参照挪威 2011 年开始的为期两年的精英教练员认证计划，今后我国教练员培养中将继续实施"精英教练员双百计划"，使其可以与国际广泛开展合作与交流。我国网球运动管理中心于 1999 年开始对教练员培养进行改革，改变以往封闭式的教练员培养模式，引进国际网联的教练员培训教材和培训模式，并聘请国际高水平的教练员导师授课，使更多的精英学徒教练员获得更好的学习机会，更直观地接触到新的训练思想和理念。中国网球协会为了提高全国网球教练员教学水平，开阔教练员视野，鼓励教练员参加国际网联学院举办的多期教练员培训班。在学习经验的基础上增加自己的文化与知识创新水平是我国精英教练员急需提高的[1]。全球职业网球教练协会（GPTCA）一直致力于加强网球教练的知识学习和专业交流，其主席阿尔贝托·卡斯特拉尼在他就职后的第一次演讲中说道，"借助最好的 ATP 和 WTA 巡回赛教练的经验，与经验不足的教练分享他们的知识，从而提高全球职业网球教练的标准"，通过课程的举办提供交流机会和教育计划，使教练之间可以相互学习和指导，GPTCA 着重对教练员战略和战术能力的培养，目标在于提升全球职业网球教练员的执教水平。2017 年我国举办了第一届 GPTCA 的教练员培训，包括对不同大满贯赛事比赛场地进行训练和比赛、根据不同排名制定个性化的赛程以及运动心理的技巧课程，目的在于避免"经验"带来的不科学的训练、接触到更新的训练理念，对促进网球教练职业水平的提高有重大意义。

二、退役后直接任教的模式

运动员退役后直接担任教练员这种模式已经成为一种习惯，我国也一直延续着"打而优则教"的教练员选拔模式。国外教练员的培养也有这种模式，职业体育教练员的"运动员转型"为英国的精英化培养带来契机：拥有丰富大赛经验的优秀运动员退役后直接开始教练员生涯或者经过短期培训便开始从事教练员的工

---

[1] 章凌凌，戴金彪. 对 2008 年奥运会后我国网球教练员现状调查研究 [J]. 西部体育研究，
　　2010（4）：267-271.

作,并逐渐成为国家队教练员[1]。我国也有许多运动员退役后直接任教的成功例子,如郎平、刘国梁等,然而柳建庆认为一名优秀的运动员退役后直接成为教练员,虽然具备了各方面的条件,但是不一定都能成为一名优秀的教练员[2]。我国很大部分的网球教练员都是退役下来的优秀运动员,没有接受过正规系统的职业教练培训。他们的优势就是有着丰富的高水平运动训练经验,能更好地理解专项运动规律,合理地运用专项技术,但是这种只凭运动经验执教的教练员,缺乏对现代高科技手段的监控以及对当今体育科学成果及时转化与运用能力,这限制了教练员对网球的突破性认识以及对训练手段方法的创新。除此以外,在训练方法和手段上采用以老带新的培养方法,往往会失去教练员培养的创新性,并且有些运动员退役后未经过岗位培训和学习或仅仅经过短期的培训就直接上岗,也不符合精英教练人才培养的规律。欧洲在教练员的遴选方面为了避免教练员缺少教育背景的问题,法律规定运动员退役以后,必须脱产学习并获得教练员学位才可以持证申请教练员岗位,保证其既具有实践经验,又经历过专业培训教育,从而最终成长为较为全面的复合型精英教练员人才。我国大多数教练员的培养模式使教练员或缺少运动经历,或缺少高等教育背景,缺少教育背景占绝大多数,不完善的知识结构使我国网球教练员执教水平始终在低水平上徘徊。德国奥委会规定,教练员不仅仅只是承担运动员运动训练,更要承担教育人的社会责任,与德国相比,我国教练员功能单一,构建训练与教育相结合的育人模式,是我国教练员面对的重大问题。

三、岗位培训为主的教学模式

教练员的在职培训和教练员资质认证制度,以及教练员持证上岗的模式在国外教练员培养和遴选体系中早已实行。德国将教练员分为 A、B、C、D 级,教练员的晋升有着严格的学时规定和考核制度。澳大利亚将教练员分为 4 级,分别是学校或青年级、俱乐部级、中级和高级。挪威将教练员分 4 个等级,每个级别都有相应的培训和考核要求,每一级都有统一的学习材料,考试通过后实践上岗,逐级考核,最终才能参与精英教练员的认证计划。欧洲教练员协会在欧盟教育和

---

[1] 闫亚茹.英国职业体育教练员培养特征及启示[J].体育文化导刊,2019(4):77-82.
[2] 柳建庆,赵丹妹.CBA 与 NBA 教练员人力资本比较研究//第三届体育博士高层论坛[C],2017:89-94.

职业认证资格体系建立了教练员教育体系和欧盟内部教练员资格认证体系。德国培训计划设 4 个等级，对职业级教练颁发教练文凭。中国的竞技体育体系中也存在着类似的制度和体系并且已经运行了几十年。我国将竞技体育系统的教练员资质认证划分为初级（3 级、2 级）、中级（1 级）、高级（高级、国家级）。1994 年国家体委颁发的体育教练员职务等级标准中规定，教练员在申报各级教练员职务时，必须取得相应教练员岗位培训合格证书。从 2001 年起，只有经过教练员岗位培训并获得相应级别教练员岗位培训合格证的教练员，才可申报晋升高一级教练员职务。2017 年体育总局在《关于进一步加强教练员岗位培训工作有关事宜》中规定岗位培训与教练员职称评定相挂钩，职称晋升应取得相应级别的教练与岗位培训证书。通过教练员在职的岗位培训可以使教练员更新训练理念，使职业教练员处于一种上升的发展态势，利于教练员职业的专业化。中国网球协会教练员等级培训分为初级（ITF 一级）、中级、高级（ITF 二级）、特级（ITF 三级）四个等级，教练员参加相应级别培训班且必须通过考试才会取得相应证书，不可越级参加培训考核。随着国内网球运动的发展，网球教练员的培训也建立了许多培训点，但已与原来的培训机构脱钩，由委托单位来办，而且管理上较差，使岗位培训缺少制度性，无法满足教练员真正的需求。

第七章　精英网球教练员的素质标准与发展目标

第一节　素质标准

根据国际教练教育委员会制定标准，精英教练员应具备相应的知识、能力与素质。知识结构主要包括专业知识、人际知识和个人内省知识；能力结构应该包括战略思维能力、环境适应能力、训练比赛指导能力、赛场应变能力、学习总结能力和关系处理能力；素质结构应包括思想道德素质、文化素质、业务素质、身体心理素质等。

一、知识结构

1. 专业知识

精英教练员的专业知识结构应包括运动专项知识、运动专项相关知识、运动员的知识、工具知识。精英教练员应具备包括网球运动的基本规律、发展特征、制胜因素、技术和战术、项目管理、比赛规则和设施设备在内的运动专项知识，还需了解运动员的身体发育的规律特征、心理动机等相关知识，以及对运动科学知识包括解剖学、生理学、医学、营养学、生物力学、生物化学、急救、损伤预防、反兴奋剂、哲学、教育学、心理学、社会学、生活方式、体育产业有比较深入的理解。工具知识则包括语言表达能力（口头、书面、写作、阅读）、外语、计算机、现代技术等。

2. 人际知识

精英教练员的人际知识结构应包括社会关系知识、运动队关系知识、执教方法知识。精英教练员应掌握的社会关系知识包括宏观和微观教练文化、伦理常识。精英教练员要同时处理好与家人、同伴教练、官员、裁判、经纪人的关系，还有处理好与俱乐部、学校、协会、政府、媒体的关系。运动队关系知识则包括与运动员沟通的知识、能够积极倾听和提问并产生共情与同情的知识。在特定情境下行为举止得当，并且能对运动员和运动队进行管理和教育。执教方法的知识包括学习理论和方法、训练理论与方法，能够计划、组织和宣传活动，能够创造积极的学习气氛，能够及时研究、评价和反馈，能够示范和讲解、指导和改进。

3. 个人内省知识

精英教练员的个人内省知识包括执教理念和终身学习等，在执教理念方面应具备强烈的自我认同、积极向上的价值观、灵活多变的领导方式。在终身学习方面，具备学习能力、自制力和责任感、能保持理智、自我反射、批判思维和创造能力。

二、能力结构

能力是指人顺利完成某一活动自身所必需的条件。精英教练员的经历不同、经验不同、知识水平不同，在完成训练和比赛活动中表现出来的能力也就有所不同。精英教练员的能力结构应该包括战略思维能力、环境适应能力、训练比赛指导能力、赛场应变能力、学习总结能力和关系处理能力。

1. 战略思维能力

战略思维能力是精英教练员对运动训练与竞赛活动进行合理规划和系统谋略所表现出的认知水平或工作能力。精英教练员需要具备把握全局、预测需求、确定愿景、形成任务、提出方针、制定措施、反馈调整、创新战略的能力。

2. 环境适应能力

环境适应能力是教练员为满足运动队发展的需要而与环境发生调节作用的能力。运动队的一切活动都由政府体育组织统一管理，精英教练员环境适应能力的大小一般不会对教练员的发展产生多大影响。在竞争激励的职业竞技体育环境下，精英教练员的环境适应能力包括制定行动计划、组织保障、队员选拔、员工选拔、相关资源配置的能力。

3. 训练比赛指导能力

训练比赛指导能力是教练员指导训练和比赛的能力，精英教练员应具备训练方法设计、动作示范讲解、运动创伤预防、运动疲劳恢复、训练积极性调动、比赛选择与安排、比赛能力提高、比赛作风培养、比赛情绪调控等能力。

4. 赛场应变能力

赛场应变能力是教练员面对赛场内外意外事件等压力，迅速地做出判断与反应，并寻求合适的方法，使事件得以妥善解决的能力，通俗地说就是赛场内外应对变化的能力。精英教练员的应具备观察与发现问题、调整与解决问题、果断决策、突发事件应对、记录和评价等能力。

5. 学习总结能力

学习总结能力是教练员不断自我完善、反馈与学习的能力。精英教练员的应具备赛后总结、科学研究与评价、自我反思和自我监督、终身学习、职业发展、创新等能力。

6. 关系处理能力

关系处理能力是教练员觉察他人情绪意向、有效理解他人和善于同他人交际的能力，也即社会交往的能力。精英教练员应具备领导和影响、团队管理、沟通与交流、说服教育等能力。

三、素质结构

素质是在人的先天生理基础上，经过后天教育和社会环境的影响，由知识内化而形成的相对稳定的心理品质。从运动训练的角度来看，精英教练员的素质结构应包括思想道德素质、文化素质、业务素质、身体心理素质，其中思想道德素质是根本、文化素质是基础、业务素质是关键、身心素质是保障。

1. 思想道德素质

鉴于运动训练过程对运动员一生的极大影响力，一名优秀的教练员应该具有崇高的思想道德素质。精英教练员应具备把国家利益、运动员的利益置于自身个人利益之上的思想道德素质，能对国家的体育方针政策有正确的认识和理解，明确竞技体育功能，具有坚定的政治信仰，热爱祖国，热爱人民，热爱教练工作，要有终身为社会主义体育事业服务和献身的良好道德品质。

2. 文化素质

教练员的文化素质是指教练员所具有的文化修养和知识储备及其结构和体系，良好的文化素质是形成良好的思想道德素质和业务素质的重要基础。精英教练员文化素质的高低关系到能否培养出高智能的高水平运动员。精英教练员通常具备较为深厚的文化涵养，有利于教练员开阔视野、活跃思维、升华人格、陶冶精神，为职业发展和更好地从事运动训练提供广博的文化底蕴。

3. 业务素质

由于训练活动在本质上是教练员对运动员进行长期的生物学、心理学和社会学改造过程，因此，教练员的劳动是创造性的脑力和体能、技能相结合的复杂劳动。精英教练员的业务素质，对于运动训练的成功有着非常重要的作用，其业务素质的外在表现是教练员具有的业务能力。精英教练员需要在特定的环境和条件下，创造性地运用运动训练的理论，恰到好处地把握训练，有效激励队员的训练热情，调整好周期安排，理顺队内队际关系等。

4. 身心素质

运动训练过程是一个长期的、艰苦的、动态变化的过程，会经常遇到种种挫折、困难、挑战、压力。运动训练是一种富有挑战性、创造性的活动，教练员经常会面对训练场和竞赛场上发生的各种突发事件和意外事件，这些都会对教练员的心理和行为产生影响。由此，良好的身心素质是精英教练员其他素质得以发挥的保障。精英教练员应具有健康的体魄，能够精力旺盛地投入工作；具有敏捷的观察能力，善于发现问题；具有丰富的想象力和思维能力，能够及时找出解决问题的有效办法；

善于控制自己的情绪，能客观、理智、沉着、冷静、迅速而恰当地处理问题；具有坚强的意志，坚忍不拔的精神，勇于面对各种挫折和挑战，充满信心，坚持不懈，经得起困难和失败的考验。

第二节　发展目标

本节在充分参考国际精英教练员培养标准基础上，结合对我国网球项目管理者和知名网球教练员等专家的访谈，总结出精英网球教练员应该具备的知识、能力和素质等培养发展目标。

一、具备高尚的爱国主义精神

专家认为精英网球教练员在思想道德方面应具备高尚的爱国主义精神和强烈的爱国情怀，其有助于提升精英教练员的思想政治觉悟和素养，有助于精英教练员在日常的训练中给运动员们进行爱国情怀的熏陶和教育等。这样，精英教练员执教的运动员才有可能在不断变强的过程中具备深厚的爱国情怀，才能深谙打球不仅仅为自己、更是为国争光的道理。若干年后，当这批运动员退役后会自发地投身于网球教练员行列，致力于为国家培养下一批精英网球人才。因此，深厚的爱国情怀是传承精英网球教练精神的前提条件。同时，专家也认为，运动员的成长与进步和教练员休戚相关，精英网球教练员应具备高瞻远瞩的大局观，明白急流勇退的道理，如果教练员的水平已经不适应运动员的发展，即运动员在自己手里水平已经无法更进一步，则教练员应及时放手，让运动员去寻找更高水平并与之匹配的精英教练，从而向更高水平发展。急流勇退谓之知机，不失为一种智慧。适时的让贤不仅体现了教练员的大局观，而且对运动员的发展也更为有利。

二、具备先进的训练执教理念

在执教理念方面，有专家提到精英网球教练员应具备先进、科学的训练执教理念，使精英网球教练员在进行专业理论知识、技术指导的输出时，能够达到增强青少年运动员对网球的认知、热爱以及爱国情怀等目的。没有科学的训练理念，就没有先进的、独特的和创新的训练能力。要获得实效性的训练水平就应该注重训练理念的更新。教练员应该非常清楚自己对学生运动员的教育影响力极大，在培养学生运动员时，要做到不为金牌而去培养，应注重学生运动员体育精神、健全人格、个人品行以及社会公德等素质能力的培养；教练员还必须养成反思式执教理念，通过每天反思自己的教和练、学生运动员的练和思来优化训练和促进运动员能力的增长；精英教练员要注重学习和交流，在对外交流中促进训练指教理念更新，提升训练执教能力；此外，还要加强精英教练员的专业理论知识与业务钻研能力，用合理、正确的方式或观点解决网球训练活动中存在的难题和瓶颈，通过学习国外的优秀经验与教练员的训练模式等，结合我国网球运动员的特点和观念去制定适合的网球训练计划，从而更加科学合理地指导训练和提高运动员的网球竞技水平。

三、具备丰富的比赛执教经验

在精英网球教练员的培养过程中，比赛实践执教经验尤其重要，教练员只有反反复复完完全全经历参赛流程后，才能明确网球项目的比赛制胜规律和把握运动员关键时刻的技战术特点，才能成为一个优秀的精英网球教练员。相关专家提到，在大型国际网球赛事上教练员以老带新，中型赛事中由年轻教练员承担主要责任，小型赛事完全由年轻教练员去执教实践，以全面加强中青年精英教练员的比赛执教能力和临场指挥能力等。通过这些途径给优秀的年轻教练员实践的机会、平台，以此培养年轻教练员执教实践能力，提高其临场应变能力，开阔年轻教练员的视野，将其培养成能够委以重任的精英教练员。精英教练员的赛事经验和临场指挥能力等对运动员比赛的把控调整具有重要意义。精英教练员通常在网球比赛中双方技战术水平，身体、心理条件相当的情况下做出教练员的快速果断和周密的决策，是获得比赛胜利的关键所在，也是精英教练员具备的基本素质之一。因此，精英网球教练员应重视比赛临场决策能力的提高，在指挥过程中不仅要掌握对方技战术和心理活动特点，更需要加强自身心理特点的认识和个性品质的养成，只有把比赛临场指挥艺术转化为指挥决策能力才可能在比赛中做到控制有度、稳操胜券。

四、具备良好的组织管理能力

在日益激烈的竞技网球环境中，教练员团队是实施网球训练和竞赛活动的基本保障，精英教练员不仅要管理运动员的日常训练，还要对教练员团队进行协调和组织，这就对教练员的组织管理能力具有较高的要求和考验，精英网球教练员的培养应该注重提升教练员团队的管理带队能力或水平。网球运动员的发展不能只依靠一两名教练员，而需要构建一个由精英网球教练员组织管理的团队。构建一个教练员团队需要精英核心教练员吸引和招揽其他教练员，大家群策群力，协调配合，共同致力于促进运动员的良性发展。权威教练员是其他教练员认可和信服的精英教练员，精英教练员的独立性体现在独立的思考能力，即有精英教练员自己独特的见解和独立的思考方式。因此，精英网球教练员在具备独立性和权威性的基础上，应加强组织管理团队的能力，从而有助于构建打造一支优秀的网球教练员团队，形成一个完整的运动训练组织管理体系，以提高运动员训练和竞赛的效率和效益。

五、具备一定的外语沟通能力

在竞技体育全球化的时代，各种国际赛事日益繁荣，各国精英运动员的交流往来日益频繁。有专家认为，英语沟通能力对精英网球教练员尤为重要。精英网球教练员只有具备良好的英语沟通能力方能与国际精英同行进行交流学习，吸取精华，并将其内化来为己所用，这样才能更加有力地为中国培养精英网球运动员服务。目前中国精英网球教练员的英语沟通能力较弱，还达不到国际交流的水平，2000年后执教的教练员经常带队出国参加比赛，具有一定的英语基础，但是要进行深入的交流还是较为困难。网球项目作为国际项目，英文水平不好很难融入网球的大世界。英语水平较低已经成为我国精英网球教练员发展的一个制约因素。参加国际比赛，于精英网球教练员而言是最好的提升路径。在国际比赛中会遇到各种各样的运动员和教练员，正是积累经验的好机会，但若因英语水平较差而不能与国外教练员和运动员进行深入交流，实为巨大的损失和遗憾。因此，良好的英语沟通能力是精英网球教练员与国际接轨的必备条件。

六、具备良好的教练职业素养

职业素养是运动员和教练员对竞技体育职业了解与适应能力的一种综合体现，其主要表现在职业兴趣、职业能力、职业精神、职业个性及职业情况等方面，其影响因素主要包括受教育程度、专业素质、实践经验、社会环境、工作经历以及自身的一些基本情况（如身体状况等）。一般说来，教练员或运动员能否在体育工作中取得成就，很大程度上取决于本人的职业素养水平，职业素养水平越高的教练员或运动员，其获得事业成功或运动成就的机会就越大[1]。基于部分网球专家的意见进行总结，精英网球教练员需要具备以下职业素养：一是精英网球教练员要具备对职业网球事业的热爱与追求，其对网球训练等活动的热爱与兴趣是教练员长时间从事艰辛职业网球教练员工作或事业的前提。二是精英网球教练员应该具备一定的专业或职业运动员经历，其丰富的运动员训练竞赛经验和感受等，对指教青少年运动员具有宝贵的价值，如教练员对球员状态的理解和诊断、训练负荷的设计与调控、训练技术的规范与改进等。三是精英网球教练员应具备高尚的职业体育精神，如无私奉献的爱国精神，不畏艰险、敢于挑战的坚毅精神，长期耕耘、脚踏实地的务实精神等。

七、具备主动的学习创新意识

教练员在指导运动员训练和参赛过程中将会面临很多机遇和挑战，当一种新的科技和方法出现时，则需要精英网球教练员具备敏锐的洞察力和学习能力，去积极接触新科技、拥抱新理念、尝试新方法等，并且妥善考虑新事物能否与网球发展联系起来，为其指导运动员训练和参赛服务。精英网球教练员与普通网球教练员相比不仅要能运用前人的知识和训练手段培训高水平运动员，还要善于将运动员的实际情况与比赛、训练结合，不断更新训练计划和手段。随着科技愈加发达，战术、训练手段的不断更迭迫使精英教练员拥有大胆创新意识，创新意识的缺乏会导致思想固化，即一直沿用老的训练方式、比赛战术去培养运动员。同时，精英网球教练员的创新意识不是仅局限于训练方式和战术意识的创新，更重要的

---

[1] 吴阳. 中国网球教练员执教能力及影响因素研究 [D]. 上海：上海体育学院，2017.

是培养教练员的自主学习能力、自主更新信息能力的创新,精英网球教练员自主更新意识的缺失不仅会使其自身的水平到达一个层次后难以提升,甚至会影响到整个网球运动的发展,不利于我国精英网球教练员水平的提高。

第八章　我国精英网球教练员人才培养现状与问题分析

第一节　培养目标

一、目标导向不清晰

在对精英网球教练员进行培养时需要明确的培养目标作为指导，但国家没有对各省、市、地区精英教练员的培养目的、标准、内容等进行明确的规划，造成了目前各地精英网球教练员的培养目标各异和盲目的现象。我国对网球教练员的培养是以专业知识或业务能力培养为主要导向展开的，培养目标具有明确的目的性。相较之下，精英网球教练员的培养目标则并未突显出精英性，也没有具体的培养目标与政策导向，致使所培养的精英教练员与普通教练员没有明显的不同，只是选拔上根据教练员所培养运动员竞技成绩的高低进行区分界定，长此以往并不能使精英教练员培养得更"精英性"，而只会是普通教练员数量的不断增加。这归根结底是长期以来我们对精英教练员的认识不全面、内涵不清晰等所致。精英网球教练员的培养目标尤其缺乏精神文明、责任担当和职业素养等方面的目标追求，与真正突显出"精英"性教练员特征和培养目标相背离，导致精英网球教练员培养目标的分离与泛化，不能明确对精英网球教练员培养过程产生明确的导向作用。

二、过重追求运动成绩

精英网球教练员培养注重成绩目标,使精英人才培养急功近利现象突出,与我国竞技体育长期的金牌至上的目标追求有关。在一定时期内我国竞技体育的金牌夺标单一目标导向,在此特殊的历史背景和金牌目标导向的影响下,运动员的运动成绩成为最主要的发展目标和价值导向,运动员的运动成绩也成为教练员考核、评价、薪酬、晋升等的唯一标准,而忽略了教练员专业素质、人文关怀和奉献精神等价值的提升与体现,也没有将精英教练员作为一个特殊的群体进行针对性培养,忽略了教练员人才的精神价值教育和文化知识学习。过于重视追求运动成绩导致我们的精英网球教练员相较于普通网球教练员精英特征不清、业务专长不精、发展动力不足等的问题,也致使有潜力的网球教练人才逐渐流失,部分教练员缺乏职业生涯进阶性规划和计划性提升,甚至出现不务正业、思想扭曲等问题,不利于我国精英网球教练员培养的系统性和持续性。

第二节 人才结构

一、年龄结构不合理

教练员队伍的年龄结构出现断层,其中以 45 岁以上的教练员居多,中青年教练员稀缺,此情况可能导致老一辈精英网球教练员退休后,出现"青黄不接"的现象。出现这一现象的主要原因是中青年以上的网球教练员大多在体制内从事教练工作,而青年教练员对在体制内从事网球教练工作的意愿不强,逐渐流向社会和市场,致使教练员年龄结构失衡。老一辈精英网球教练员大多有过职业球员的经历,作为运动员从专业队退役后开始执教工作。这批老一辈教练员从过去较为艰苦的国内网球环境中奋斗至今,其对网球的热爱与情怀毋庸置疑,为了中国网球事业求实奋进、义无反顾,更不会过于计较个人得失,完全将个人事业发展融入了整个国家网球事业的发展。因他们日复一日、独具匠心的付出,才有了中国网球过往的荣耀与辉煌。反观今天年轻的网球从业者们,在即将成为精英网球教练员的路上面临诸多挑战:一方面,是内部环境不够稳定,即年轻的网球从业者们内心不够坚定,在网球执教工作中既没有"咬定青山不放松"的决心,也缺乏老一辈教练员"不破楼兰终不还"的魄力。另一方面,则是外部环境诱惑太多,尤其是在享乐主义盛行的今天,与其在体制以内通过长期耕耘、苦心经营取得成绩而得到薪资报酬,远不如在社会办培训班、当私教"挣快钱"来得轻松。年轻的网球教练员们在面临生活经济压力和市场薪资诱惑时容易将精力投入到兼职副业中,使青年网球教练员数量萎缩严重,逐渐导致了我国精英网球教练员年龄结构不合理的问题。

二、运动等级结构不合理

我国中级和高级水平的精英教练员之间存在不平衡问题,主要表现为中级教练员人数较多,而高级教练员人数较少,其成因主要表现为两个方面:

一方面是教练员自身的问题,部分中级精英网球教练员容易满足于现状,缺乏终身学习、积极向上的觉悟,当达到中级教练水平后就容易安于现状,逐渐失去了向高级教练员晋升的学习兴趣,也不再设立向更高水平精英网球教练员发展的学习规划与目标,从自身发展进程上就阻断了成为高级精英教练员的可能,更是缺乏成为高级精英网球教练员的职业发展动力。

另一方面是因为我国当前的精英网球教练员的培训体系还不够完善,相应的培训服务并不能及时满足教练员晋升的需要。部分具有职业抱负、渴望晋升的中级精英网球教练员严重缺乏培训学习机会,即使其自身具备成为高级精英教练员的觉悟和担当,但是,却受制于工作单位不支持、培训费用花销大等问题,其学习晋升的积极性与热情在一定程度上被打击,从而影响了部分中级网球教练员成为高级精英教练员的上升通道和进阶发展。

以上两方面原因共同造成了我国精英教练员的水平等级结构不合理的问题。

三、地区分布结构不合理

精英网球教练员集中于上海、浙江、江苏等发达地区,而北方等经济发展水

平不高的地区严重缺乏高水平的精英网球教练员,精英教练员的地域分布不均衡、不协调。出现这一局面的原因也分为两个方面:

一方面,与地区的经济发展水平有关。因上海、浙江、江苏等地区的经济比较发达,经济基础决定了这些地区可提供较高的薪资条件和福利待遇,这些地区源源不断地从全国各地吸引精英网球教练员奔赴而来,因此,这些地区精英网球教练员人数相对较多。

另一方面,与地区的社会网球发展水平和青少年网球人才发展需求等有关。网球作为职业化程度较高的体育项目,需要与其配套的服务和设施较多,因此,只有经济条件优渥的地区才有可能成为适合网球发展的沃土。从全运会的冠军得主的分布来看,大多数网球运动员来自经济发达地区,并且这些冠军球员退役以后也都愿意前往经济发达地区执教。这些教练员对青少年一代的示范作用、感召能力和带动作用相对较大,这些地区逐渐形成了网球人才培养的"滚雪球"效应;此外,经济条件发达地区自身的网球氛围较好,也吸引了更多的网球教练员从事青少年网球训练和竞赛培训等工作;反之,经济欠发达地区则由于网球氛围较差和薪资待遇状况不佳等使精英网球教练员人数相对匮乏。

第三节　素质能力

一、训练执教理念落后

精英网球教练员训练理念是提高训练效率和运动成绩的关键,但是,当前我国精英网球教练员的执教训练理念还存在落后的情况,这与我国教练员"师傅带徒弟"退役后直接任教的培养模式有关。在"师傅带徒弟"的教练员培养模式中,"师傅"直接影响着徒弟执教的理念与方式,很容易使青年教练员们在执教中出现明显的"经验主义",以及明显的"保守""传统"等执教问题。在退役后直接任教的教练员培养模式中,运动员退役后不经过岗位培训和学习或仅仅经过短期的培训直接上岗,其最大的优势就在于丰富的高水平运动训练经验,能更好地理解专项运动规律和合理地运用专项技术，但这种经验性训练更容易造成教练员们受制于自己训练经历的"惯性束缚"。因此，在这两种培养模式下培养出的网球教练员都有以经验为主的特点，教练员执教存在明显的经验性问题，且训练理念很难体现出"与时俱进"的发展特征。此外，虽然我们不可否认这两种模式对优秀网球教练员人才培养的贡献，但是，因为我国大多数网球教练员自主学习能力不强，缺乏主动吸取国外先进训练理念和创新训练方法、手段的意识，缺失对现代高科技手段应用的了解，以及缺少对当今体育科学成果的主动了解与转化运用，所以，我国精英网球教练员训练理念相对滞后，训练手段缺乏前沿性、科学性，无法满足现代竞技网球人才培养的实践需要。

二、职业发展动力不足

我国职业网球教练员发展存在动力不足的问题。据调查，更多的教练员更愿意留在体制内，其主要受精英网球教练员体制事业属性与职业化工作性质的矛盾等的影响。

一方面，精英网球教练员工作单位属性与职业化工作性质的矛盾突出。体制内有编制的教练员每月根据个人的等级、职称有固定的基础工资，基本形成了"稳定"的工作环境，更多的教练员只是把国家队执教和职业化从教当作一种尝试或短期锻炼，并未形成长期从事职业教练的规划和意愿。此外，受职业教练工作性质的影响，在长期的职业化训练和参赛工作中，教练员们缺乏对家人和子女的陪伴，缺乏精神上的认可与激励，使得部分教练员无法兼顾工作与家庭，也使其不愿意从事职业教练工作。

另一方面，我国职业网球市场化水平不高，制约了精英网球教练员职业化发展。我国职业网球发展还处于相对落后、普及发展的起步阶段，因网球运动入手困难不易掌握，比起同样是小球类的乒乓球、羽毛球，网球项目仍然是一个比较小众的球类项目，社会参与人数较少，并未形成市场化发展的"大环境"。此外，社会资本参与积极性不高。因为我国职业网球选手的竞技成绩、知名度不高，所形成的商业开发价值和效应有限，所以，社会企业的资本支持动力不强，且在举国体制主导下，政府与社会市场又存在分歧与矛盾，致使很难形成健全的职业网球市场化体系,也导致我国职业网球市场化无法得到法制化保障和完整的"一体化"市场运营。

三、综合素质能力不强

我国网球项目起步较晚,为了快速取得发展突破,"唯成绩论"成为我国网球运动员和教练员发展的根本理念。在此情形下,很多的教练员为了短期内更快地取得好成绩,往往忽视了自身综合素质能力提升的重要性。此外,我国网球教练员的培养还停留在政策层面,表现为向下传递不利、下级实施效果有待提高的问题,也导致国内各级水平的网球教练员的培养理念不统一的问题。精英网球教练员的理念意识不统一问题使得网球文化氛围难以形成,在精英网球教练员承担先进理念传承责任的前提下,如果精英网球教练员群体的理念意识都不统一,那么将造成其他层级水平的网球教练员的训练容易出现混乱无章,导致素质能力存在参差不齐等问题。据调查得知,当前我国精英网球教练员严重缺乏管理组织能力和主动学习素质。精英网球教练员不仅承担着训练责任,还要具备一定的管理能力,也就是领导力。合理、高效的教练员领导力能够促进运动团队效益的提升,反之,教练员的专制行为则会起到抑制作用[1]。然而,我国精英网球教练员在训练的组织领导方面还存在一定的改进空间和水平差距。充分考虑运动员个性或年龄差异,以及训练环境和条件设施等实际情况,审时度势、区别对待地安排训练,处理好与运动员的关系,切实发挥教练员的协调和组织职责至关重要。虽然,在中国网球协会组织的高级教练员培训中也涉及了领导管理等培训内容,但是,在实践中切实提升精英网球教练员对整个训练团队的管理组织、打理多方面的事物以及合理处理突发情况等的素质能力还需不断加强。

---

[1] 由世梁.大学篮球教练员领导行为、团队冲突、团队凝聚力与满意度关系研究[J].沈阳体育学院学报,2014,33(4):115-121.

第四节 保障机制

一、激励保障力度不够

精英网球教练员培养主要依赖政府的集中力量,而缺乏来自职业赛事组织的支持,使培养投入主体和资源保障较单一。我国职业网球赛事的发展状况不佳,网球赛事对精英网球教练员的反哺效应较低,因赛事品牌文化的缺失、专业化的管理人才紧缺、收入结构不够完善、观众的观赛水平和网球意识不足等问题的存在,我国网球赛事目前还处于亏损状态,还未实现盈利,赛事组织者无法从赢利中拿出资金来反哺精英网球教练员。此外,我国职业网球赛事的奖金设置较低,且我国选手的成绩不突出,导致了精英网球教练员分红收入较低,严重制约了教练员的工作积极性。激励政策或措施匮乏使精英教练员从事职业网球训练或竞赛的动力不足,虽然,我们要求精英教练员应具有无私奉献的精神,但是忽略了奉献之后的物质报酬与回报,从制度层面来讲,缺乏对精英网球教练员薪资待遇、荣誉褒扬、职称评定等方面的支持性政策。从薪资待遇和生活保障方面来看,由于工作性质致使精英网球教练员经常外出工作,较少有节假日,教练员们和亲人相处的机会较少,由此,提高薪资待遇等方式是弥补教练员家庭生活"损失"的方式之一。通过提高物质保障等给予精英网球教练员一定的社会支持和人文关怀,是精英网球教练员培养的关键。

二、考核评价方式单一

评判一名教练员是否为精英不应只着眼于其培养的运动员取得怎样的比赛成绩,应从多方面去考量、评价。国际教练教育委员会对教练员执教质量已经给出具体的指标,对教练员主要从领导力、战略能力、评价能力、教育发展四个方面进行评价[1]，综上多元评价，能力越突出者则精英性越突出。多元的评价指标对精英教练员来说，既是一种政策放宽又是一种更高的要求，即不再只关注成绩。而我国对精英教练员的评价指标存在的问题具体表现在赛事评价指标过于单一、评价指标过于"唯成绩论"两个层面上。教练员绩效考核评估仅局限在国内的青运会、全运会等体制内专业比赛，并未将国外的职业赛事成绩纳入对教练员的绩效考核中，赛事评价指标的单一会直接导致教练员的目标导向不正确。多数教练员认为培养的运动员只要在国内取得较好的成绩就已足够，长此以往则会造成教练员的目光不长远、思维模式单一，进而影响精英网球教练员个人能力的提升，同时局限了优秀网球运动员和整个网球项目的发展格局。网球运动的顶级赛事都是国外职业赛事，如温网、澳网等，成绩含金量高，但是，我国网球发展水平与世界顶尖水平相比还存在一定差距，如果对精英网球教练员的考核仅仅以国外职业顶尖赛事优异成绩为目标，更容易影响教练员的执教信心和动力，对精英网球教练员的考核依旧停留在"唯成绩论"上，也不利于我国网球事业的健康发展。众所周知，网球教练员的任职条件、晋升、年度和周期考核等，根据其培养的运动员在参加一定时期内比赛所取得的成绩，如果仅仅以运动员成绩为唯一评价方式，难免造成教练员将重心放置在尖子运动员身上，而疏忽其他运动员的培养，更容易造成后备人才失衡的问题，也难免会形成教练员只在意运动员成绩，而忽略对运动员其他素质能力的发展，导致网球人才培养效率下降。

---

[1] 钟秉枢，谢燕歌，李晨峰. 打造全球教练体系，提升教练执教水平——记 2014 国际教练教育理事会和全球教练之家活动 [J]. 中国体育教练员，2014，22（03）：19-22.

第九章 国外精英网球教练员培养特征与启示

第一节 国外精英网球教练员培养特征

一、健全的精英教练员资格认证体系

在国外，教练员是公认的专业性职业，被纳入国家职业资格认证体系。并且，发达国家无一例外都各自建立了健全的教练员技术资格制度，如美国的 ASEP 体制、澳大利亚的 NCAS 体制、英国的 UKCC 体制、德国的 DOSB 体制等，各国都建立了高级教练员技术资格标准、等级标准、考核标准和评价程序标准[1]。而且，不论是非学历教育，还是学历教育，实施过程必须严格按照高级教练员的最低标准执行，使教练员教育逐步向规范化与标准化方向发展。以美国为例，国家体育运动协会制定的《体育教练员国家标准》包括 8 个领域 40 条标准，如执教理念和道德规范、安全和损伤预防、身体训练、成长与发展、教学与交流、运动技能和战术、组织和管理、评估等。《体育教练员国家标准》规定了高级教练员的最低知识和能力要求，成为美国国家教练员教育认证委员会提供体育教练员教育计划认证的依据。

二、严格的精英教练员学历教育标准

教练员高学历教育培养是发达国家在精英教练员教育上的特色。相较于普通教练员的学历教育，精英教练员的学历教育更具高学历化和毕业高标准化。如英

---

[1] 段保同. 主要发达国家教练员教育体制研究[D]. 北京：北京体育大学，2008.

国的斯特林大学的教练员硕士研究生学位计划中提到，其培养目标是为促进职业发展和专业发展做准备，使学生能够胜任高水平的教练员工作，其学生要求达到优秀等级方可毕业。而美国高等院校提供多种形式的教练员学历教育计划，包括55个研究生学位计划和2个博士学位计划，其培养目标都趋于为学校和社区培养专家级教练员，同时也可胜任教练员教育计划指导工作等，其毕业要求研究生学位教练员达到GPA为2.7或以上。澳大利亚体育委员会启动国家教练员奖学金计划（NCSP），主要通过教育、实践经验积累和核心能力的培养等方式，为教练员进入高水平运动队执教做准备，通过在高水平环境中执教、研究生学位教育、专业发展计划等方式达到成为精英教练员的标准[1]。

三、丰富的精英教练员教育培训内容

国外发达国家在精英网球教练员的培养上尤其注重职业能力的培养，这也是网球项目职业化发展迅速的原因之一。以英国为例，精英教练员教育课程设置体现了综合性和前瞻性，其主要课程分为通用理论模块和运动项目模块。其中，通用理论模块包括运动训练学、运动人体科学、训练计划的制定、运动员的成长与发展、运动与竞赛管理等；运动项目模块包括运动项目的竞赛规则、技术、战术、专项实习等。值得一提的是，课程对教练员职业发展方向进行开发，如教练员执教原则与方法、教练员训练规划与管理、教练员发展、教练员执教环境、教练员执教效能、当前教练员执教中的问题等，提高教练员的训练、管理等方面的职业能力[2]。英国以课程模块与教练员的职业实践紧密结合，通过多样化的教育方式促进教练员能力的全面发展，以胜任高层次的教练员工作。

四、有力的精英教练员培养保障体系

体育教练员教育保障体系是体育教练员培养工作顺利开展的基础，目前各发达国家已有较完备的精英网球教练员培养保障体系，从制度的源头确保了精英教练员培养工作的开展。各国普遍从年度优秀教练员奖励计划、定期的教练员研讨会、精英教练员资助计划、教练员数据库等建立精英教练员保障机制，但也有根据国

---

[1] 王家力.我国教练员教育的发展与改革对策研究[D].武汉：华中师范大学，2015.
[2] 张喆.中国网球教练员继续教育体系构建研究[D].郑州：河南大学，2014.

情设置不同保障制度,如英国从奖励制度、分层管理、会议研讨、科研制度四个方面入手构建精英教练员培养保障模式。正是这种健全有力的保障体系的建设,使发达国家对精英教练员的培养工作开展得卓有成效,实现了知识掌握型教练向能力表现型教练的转换。

五、明确的精英教练员选拔评价要求

美国在精英网球教练员人才选拔上体现出路径广泛、追求高质量的特点。精英网球教练员选拔主要来自高校网球教练员、网球俱乐部教练员、退役网球运动员、网球科研型教师、USPTA 职业网球教练员等群体中。在精英网球教练员的培养上讲究"宁缺毋滥"的特点,如只有百分之一(通过专家访谈得知,目前共有明星教练 9 名)的 USPTA 职业网球教练员可达到精英级别,即职业大师级网球教练员[1]。由于美国人才选拔制度和考核制度涉及的人员基数大和考核制度标准,其精英教练员的选拔与考核呈现出标准化、制度化和严格要求的特点。

六、规范的精英教练员职业素养要求

在教练员培养上,美国尤其重视教练员职业道德素养的良好发展,并制定了教练员的道德标准,将与教练员签署道德标准协议,作为教练员入职的必要条件。在美国《体育教练员国家标准》中要求:秉承精神和规则塑造良好的体育行为模式;展示自我控制和自我约束,使运动员、官员和观众认可教练员的有效行为;使用积极的语言和行动,为所有运动员的学习和竞争创造一个安全、不具威胁性且相互尊重的环境;开发和维护运动员和其他教练员的关系,明确区分教练员与父亲、朋友和顾问的作用;确保符合资格人士主持目前所有的竞争;使用个人和官方的权力,以负责任的态度,减少可能的性骚扰和运动员虐待。

七、全面的精英教练员终身教育理念

现今英国精英教练员的培养着重体现在教练员的"终身教育"职业发展观和专业发展观上。这种"终身教育"的职业发展理念以教练员的实际利益和职业需求为出发点,注重教练员能力和素质的提升,教育方式以拓展其认知范围、提高

---

[1] 王祁雅莉. 关于国内网球教练员培训模式的分析研究 [D]. 北京:北京体育大学, 2013.

其技能水平为主，使其发展更加具有持续力。对于精英教练员而言，无论在其前期的培养还是后期的继续教育工作中，"终身教育"的职业发展观与专业发展观都始终贯穿于其成长过程中。并且，精英教练员培养以"终身教育"专业发展观指导，逐渐体现完备、细致、持续的专业发展计划，统一教学内容和考试标准，改善教练员的知识结构，提高教练员的专业能力水平。

第二节　国外精英网球教练员培养启示

一、注重精英教练员的学历教育

在国外，精英教练员的选拔与培养已融入高学历教育，如英国、美国、澳大利亚等国家都设置了研究生教练员的培养目标，着重于培养其成为高级教练员或专家级教练员。因此，建议我国将教练员学历教育融入精英教练员培养之内，如在高校开设教练员专业，使培养更加职业化，并且针对不同学历层次的学生设置不同的培养目标，针对精英教练员层次，设置专门的教练员硕博士学位，注重其综合知识和高水平实践知识的积累，以便于从事高水平的执教工作。教练员学历教育的开设，不仅有利于优化国家、省市专业队教练员的选拔途径，而且有利于精英教练员复合团队的建设。

二、设置丰富的教练员培养内容

国外精英教练员培养的成功之处在于其侧重于体育教练员课程知识的实践应用，并将一般训练知识与专项训练知识相结合。各国国情不同，开展教练员培养的方式也不尽相同，但普遍设置了精英教练员培养的最低门槛。在课程内容上，有以课程模块与教练员的职业实践紧密结合的，通过多样化的教育方式促进教练员能力的全面发展，以胜任高层次的教练员工作；也有着重对教练员执教原则与方法、教练员训练规划与管理、教练员发展等实践性知识进行培养的，提高教练员的训练、管理等方面的能力，以达到教练员职业化。因此，建议规范我国精英网球教练员的培养内容，既要体现全面发展的科学性，又要体现精英网球教练员特有的专业技能的针对性。积极探索前沿知识，重视实践经验的积累，着重对其职业能力和实践能力进行培养，为其提供更多的面授机会和跟岗实习机会，提倡给予新兴精英教练员更多的带队实践机会，通过在高水平环境中执教，积累实践经验，为精英教练员人才的迭代更新奠定基础。

三、打造健全的保障制度体系

教练员保障是教练员培养的基础。在国外，发达国家普遍都制定了教练员保障体系，从奖励制度、教练员研讨会、精英教练员资助计划、教练员数据库等建立精英教练员保障机制，从制度层面保障教练员教育的顺利开展。因此，要根据域外实践经验，结合本国国情，以达"西为中用"的目的。首先，通过政府结合社会组织增加经费来源，为精英教练员的培养工作奠定物质基础；其次，建立精英教练员奖励制度，从物质和精神两个层面对优秀精英教练员展开奖励，为其继续执教提供动力；最后，组织精英教练员研讨会，通过中心立项，协会牵头，以经验丰富的精英教练员讲授为主、科研工作者讲授为辅，不断扩充精英教练员的知识储备，完善其知识结构，提高其认识水平。

四、采用多元的选拔考核方式

国外在精英教练员选拔上相对广泛，如美国的精英教练员选拔范围主要是高校网球运动队精英教练员、网球俱乐部精英教练员、优秀退役网球运动员、优秀网球科研教师、USPTA 的职业大师级网球教练员。而我国的精英教练员主要由国家队或省市专业队退役运动员组成，单一的精英教练员选拔途径阻碍了精英教练员团队的多元发展。因此，改变传统选拔方式刻不容缓，建议结合高校、俱乐部等机构根据带队成绩、科研条件进行选拔，扩大精英教练员后备人才的基数，进一步追求高质量的精英教练员。在精英教练员的考核方面，美国注重"精益求精、宁缺毋滥"，而我国教练员考核仍然存在"近亲繁殖或者以老带新"的情况，应追求考核规范化和教练员职业化发展，以定性测评为主，以量化测评为辅。

五、制定规范的职业道德标准

教练员的职业道德是教练员从事该行业的标杆,为规范教练员的执教行为和执教道德等,美国制定了《体育教练员国家标准》。该标准明确规定了教练员在执教过程中的行为规范和日常生活中与运动员的关系等。在我国,由于并未制定类似的教练员道德规范,教练行业中存在不当行为,如利用职位之便收取费用,虐待、性骚扰运动员,故意刁难与自己关系不好的运动员,带领运动员服用兴奋剂等。因此,在我国建立教练员职业道德标准尤为重要,道德标准中应着重规范教练员的自我控制与自我约束能力,在教学中建立一个互相尊重的环境,积极地引导运动员,创造一个公平竞争的环境,保证符合资格人士主持目前所有的竞争等。

六、强化终身的教练员学习理念

随着运动训练与科学技术的结合,凭经验就能胜任体育教练员职业的时代早已一去不复返,于是"终身学习"理念在这个时代脱颖而出。在职业发展观和专业发展观着重体现"终身学习"的英国,尤其注重教练员的能力和素质的不断提升,不断提高其技能水平,使其发展更具持续力。在我国,"终身学习"的理念也适用于教练员行业,尤其对于执教经历和成果已有一定基础的精英教练员而言,已获得的荣誉使得一些教练员开始懈怠、放松对自我能力和知识的提升。因此,强化"终身学习"的理念尤对精英教练员的再培养产生积极作用,不仅有助于教练员能力的再提升和知识的再扩充,而且有助于教练员更新先进理论或者技术并应用到实践中来,从而为提高运动员竞技水平做出贡献。

第十章 我国精英网球教练员人才培养路径与策略

第一节 健全组织管理制度

一、建立完善的管理制度

完善的精英网球教练员组织管理制度对精英网球教练员培养的统筹规划至关重要。

第一，应建立结构合理的领导小组。只有结构合理的领导小组才能统筹全局、高效推进工作，应建立由协会主任、职业部、事业部、知名教练员和智库单位负责人等组成精英教练员培养管理领导小组，所有小组成员各司其职、群策群力，以满足中国体育教练员培养工作的需求，有效地推动网球教练员参加培训和有关部门组织教练员培训的工作，为精英网球教练员培养提供有力保障。

第二，应设立规范有效的组织办法。要针对精英网球教练员培养领导小组的工作分工和职能要求，制定相应的组织办法条例，包括人事任命、工作职责、劳务报酬、联动办公以及问题究责等，以保证领导组织小组的工作效率和协作实施。

第三，应设置明确合理的实施要求。为保证领导小组不同部门或人员分工有序、尽职尽责地完成各自工作，应该针对各自工作内容和性质等制定相应的要求，以保障精英网球教练员培养过程变得有章可循，培养质量也能得到有效保障。

二、健全合理的选拔制度

健全精英网球教练员的选拔制度可从扩大选拔范围、重视资格认证和加强监管力度等方面着手。

第一,应扩大选拔范围。在精英教练员职业报考渠道和资格上,不应局限于体制内的网球运动员和教练员群体,而应对社会全员透明开放,集全中国力量铸造强大稳定的精英网球教练员团队。报考和认定注册信息公开化、大众化,让更多的优秀教练员可以根据自身能力、兴趣执证投身于不同教练级别、不同运动群体中去执教。

第二,应重视等级认证。当前国内存在网球教练员培训规模还不足以满足现有网球教练员需求、网球教练员无证上岗情况严重、培训时间短、培训地点远、培训时间不灵活、培训成本高、培训内容不统一、培训讲师水平参差不齐等问题。近几年来随着网协的改革和网球事业的发展,教练员等级注册认证制度开始受到重视,但是只注重培训结果而不注重过程的"走过场"现象时有发生。

第三,应加强监管力度。为了避免以上不良现象,在网协的科学统筹下,各部门积极加快完善网球教练员等级注册认证和监督的机制,健全网球教练员持证上岗制度,保证岗位有证。对各等级网球教练员的执教范围做出明确界定,建立精英网球教练员相应执教上岗制度,对开展青少年网球训练的学校、社会组织进行有效监督,从源头对"以低教高""无照训练"的现象进行管控。

三、引入分级的培训制度

我国精英网球教练员培训可以采用分级式的培训制度,主要包括以下几个方面。

第一,应建立等级化的培训课程。可分为S、A、B、C、D五个教练等级,基于S到D不同等级的职业要求,从报考资格、选拔方式、培训费及培训内容都应有明确的基准条件和相对应的培训周期课程。网球教练员的培训体系,等级从低至高、逐层递进,形成了等级一体化,在获得相应资格的基础上可以报考含金量更高的教练等级。课程容量依据不同等级合理设置,培训内容精准对应不同等级要求，涉及与网球运动相关的社会学、管理学、训练学、心理学等学科，特别是网球技战术理论与实践培训的结合，形成稳中有进的本土网球教练员的框架体系。

第二，应采用大小结合的模式。精英网球教练员培训可由大、小周期相结合的标准模式展开，安排理论和实践的交叉学习。在以一年为周期的时间基础上，针对不同级别教练员又主要分为前、中、后期三个小周期或者前、后两个小周期具体开展培训，每个小周期时间为3~4天左右。前、中期主要安排爱国主义、训练学、心理学、医学等公共理论学习，主要以专题讲座等形式推进，后期则重点进行专业教学实践与练习。周期与时间节点安排的规范化，使得网球教练员的培训目的及职业规划更加清晰与合理，培训效果得到充分保证。

第三，应完善网球教练员资格制度。逐步形成网协在认证、注册、培训上的权威性和唯一性。并且通过不断注入新的网球理念、规律、知识、情报和信息，使我国网球教练员得到持续性、长久性的培养。在逐步实现教练等级化后，网球协会将对不同层次的教练员实施相对应的业务指导与认证服务，从而很好地避免或解决网球教练员培养认证的规范统一、等级认证与升级考核、认证计划与贯彻落实等具体问题。

四、构建多元的评价制度

培训评价是根据某种标准，以一定的方法对培训进行价值判断和描述的过程。就培训体系而言，对学员培训后所达到预期培训目标的程度进行鉴定，是该体系中必不可少的一个环节。

第一，应建立多元的网球教练员评价制度。对教练员的评价不应仅停留在理论知识和实践能力，更应将团队管理、球员心理辅导、道德水准等内容列入评价范围。其中，教练员的道德水准是极其重要的评价内容，网协为此还应制定《网球教练员道德规范》，从球员发展、公平竞赛、反对歧视等12个方面规范网球教练员的道德素养，若教练员违背此规范则将接受质询并得到相应的惩罚。此外，应注重定性评价与量化评价相结合。对学员考试结果进行量化评价的同时，也对其培训表现及后期训练实践进行定性与定量评价，详细阐述学员的优缺点，并为其未来发展提供指导性意见,以此客观评量学员的整体表现。并且,应注重随堂评价与课后评价相结合。

第二,应根据评价积极调整培训。除了培训末期所安排的常规理论和实践考试之外,还会在培训之后不定期的抽查、走访学员训练实践的情况,真实评价学员培训的现实效果。多元化的评价制度可以更全面地反映出网球教练员培训的效果,从而为培训提供及时的反馈,以便做出相应的调整,为后期提供更高质量的培训奠定基础。

第三,应重视教练员的基本保障。除评价培训过程及效果以外,要重视精英网球教练员的人力与物力保障,仅仅依靠国家财政支持,还不足以支撑网球教练员的培训及发展,应该广泛争取社会力量投资和职业网球赛事赞助等提高教练员的保障水平。

第二节　完善教育培训体系

一、更新培养理念与原则

价值理念是行动的指导方针,价值理念的统一有助于在精英网球教练员教育培训体系构建中明确方向。应更新精英网球教练员教育培训体系的价值理念和贯彻原则。

第一,树立精英网球教练员教育培训体系的理念。坚持"以人为本"的价值理念,即坚持以精英网球教练员为主要出发点和中心,培训的内容要能够激发和调动精英网球教练员的主动性、积极性以及创造性,为精英网球教练员创造良好的发展环境;坚持"政府责任"的价值理念,即在精英网球教练员教育培养体系充分发挥各级政府的主导作用,为培养体系的构建建立行之有效的支撑保障机制;坚持"公平保障"的价值理念,即要尽可能地给予每个优秀教练员接受精英培养的机会,调动优秀网球教练员的积极性,着力解决其由于地域、政策、资源等问题错失精英网球教练员培训的权利和机会。

第二，制定贯彻精英网球教练员教育培训体系的原则。在构建精英网球教练员教育培训体系的过程中应遵循以下四点原则。"符合国情"原则：精英网球教练员培训的课程内容、组织形式以及组织效率都要根据我国具体国情以及经济社会发展状况而构建。坚持"多层次、可持续、高效率"的构建路线，抓住课程设置、培训考核以及资格认证三个重要环节。"政府主导、社会参与"原则：政府承担建设和投入的主要责任，同时应大力鼓励社会公众的参与和投资，应充分调动社会资源加强与国内外俱乐部和网球教练员培训机构的合作，逐步扩大国际合作规模。"稳步推进"原则：在构建精英网球教练员教育培训体系过程中，切忌急功近利，时刻把握构建中存在的问题，将其及时解决，增强政策的执行力度，坚持把政策落到实处。"公开、公平"原则：公开精英网球教练员培训的最新政策和资讯，使每个想要参与培训的教练员能够及时了解情况；同时有关部门要时刻进行有效监督，以保证精英网球教练员培训的效益。

二、完善教练员培训体系

精英网球教练员培养应该注重培训的治理，要通过完善培训形式、培训内容和培训要求等建立系统化的培训体系。

第一，应完善培训组织形式。（1）确定培训周期。根据国外网球发达国家对于精英网球教练员的培训周期再结合我国精英网球教练员的训练、比赛实际，建议3年或2年举办一次精英网球教练员培训活动。并将培训分为大、小周期相结合的标准模式展开，安排理论和实践的交叉学习。每个周期时长根据教练员的实际情况决定，延续时限不宜过长。前、中期主要安排公共理论学习，主要以专题讲座等形式推进，后期则重点进行专业教学实践与练习。周期与时间节点安排的规范化，也使得网球教练员的培训目的及职业规划更加清晰与合理，培训效果得到充分保证。（2）明确培训人员。由于是对精英人才的培训，每次参与培训的人数不应过多，建议从全国各地选取10名以内的优秀网球教练员，筛选过程中要确保男女比例的协调。（3）灵活培训形式。建议将参与培训的精英网球教练员集中起来进行培训，这种形式更便于管理以及及时发现培训中出现的问题，若受疫情或其他不可抗力因素影响可采用线上培训的模式。主要采取课堂讲授、经验交流会、答疑解惑会、远程教育、实习实践、研讨班、小组讨论、自学等形式。

第二，应完善培训内容。（1）增设思想教育课程。首先，为精英网球教练员开设政治课程，激发精英网球教练员的爱国主义情怀。精英网球教练员要具备为国家无私奉献的精神，在遇到困难以及诱惑时能牢记自己的使命，时刻以为国家培养高水平网球竞技人才为目标，规范个人的职业道德标准。其次，树立育人职责、统一训练理念。精英网球教练员不仅要负责运动员的训练，还要承担起育人的社会责任。与此同时，精英网球教练员要具有统一的理念意识，以便于理念、精神的向下传递，从而形成我国本土的网球文化。最后，培养精英网球教练员勇于突破、大胆创新的意识。精英网球教练员应形成博采众长、敢于创新的意识，但切忌为了突破而突破，因此需要通过培训而掌握科学的理念和技术手段作为支撑。（2）丰富专项训练能力。根据网球运动的项目规律以及人才成才规律，吸取国外先进理念与科技手段，对精英网球教练员进行以下专项能力的培训：技战术诊断、比赛策略及体能训练、项目发展现状和趋势、网球科学研究、教练员执教原则与方法、训练计划的规划与制定、运动员职业生涯规划和风险管理、教练员执教效能、巡回赛团队管理以及运动风险管理。（3）补充综合素质能力。首先，为精英网球教练员开设外语培训。以网球发达国家的语言为主，向精英网球教练员教授专项外语词汇，使其在与国外高水平教练员进行学习或交流时能够自如应对。其次，提高精英网球教练员的职业能力。具体有精英网球教练员的训练规划与管理能力、精英网球教练员的领导决策能力。最后，培养精英网球教练员的自主更新能力。精英网球教练员应具备主动地获取相关信息和资源的能力，筛选有效信息也是精英网球教练员所应具备的能力。

第三，应完善培训要求。（1）建立量身定做的培训课程。在经过初步筛选确定培训人选后，应对参与培训的精英网球教练员进行系统的测试，在主要的培训大纲的基础上，根据他们本身的特点，为参与培训的精英网球教练员量身定做培训课程。（2）注重培训讲师水平。教练员培训质量取决于培训导师的业务素质和能力，建议制定培训导师考核制度，在聘请网球发达国家的讲师来我国进行集中授课的同时，也要注重我国本土的培训师赴国外进行实地考察学习，不断吸取经验，从而对网球发达国家教练员培养理念、指导思想有进一步理解和把握。（3）严格管控考核制度。严格的考核制度是督促教练员进行知识更新和自我能力提高的重要措施。在培训过程中应严把考核关，考核制度要突出培训的针对性和实效性，应能够反映出精英网球教练员参与培训的综合效果。

三、打造教练员教育体系

精英网球教练员的文化教育体系要从终身学习理念、教练员学徒计划和学历奖励机制等方面着手落实。

第一，建立"终身学习"理念。精英网球教练员的培训是有时限的，但网球的相关信息和训练内容、战术经验是不断变化的，精英网球教练员要树立"终身学习"的精神，在参与培训后也要长期保持继续学习的习惯。能力甚为突出的精英教练员在有自己的成功经验时，也可对培训课程进行反馈，从而构建更完善的培训体系。

第二，增设"精英网球教练员学徒计划"。第一种培养对象面向涌现出来的年轻教练员进行在岗培训，与一名同项目的主教练合作同时还有一名指导老师，为我国系统长期输送精英网球教练员新生力量。第二种培养对象面向获得多次全运会冠军以上成绩的尖子运动员，采用运动员兼教练的办法，帮助其逐步完成角色过渡，加大退役优秀运动员担任教练员的培养力度。

第三，重视教练员学历奖励机制。建议对获得相应学历的优秀教练员给予相应的职称或奖励政策，尤其是对优秀的年轻教练员，落实其获得高学历后担任教练破格晋升高级职称的相关政策，切实调动广大教练员的积极性和主动性。

第三节 建立激励保障机制

现代精英网球教练员的薪酬、继续教育学习、职业晋升、职称评定、工作环境保障、家庭子女福利待遇等全方面的保障体系尚未形成，精英网球教练员的培养需要外力与内力的多方面保障。在举国体制和社会、市场支持的全面保障下，应打造适应不同年龄、不同学历、不同水平的精英网球教练员激励保障机制，通过健全周期奖励激励政策体系，修订完善教练员继续教育培训、职业晋升、职称评定相关政策，完善精英网球教练员工作服务保障模式，全面提升精英网球教练员激励保障水平。

一、建立激励与奖励政策体系

通过访谈结果和历史文献中对于激励机制的激励因素分析、归纳、整理，可见精英网球教练员最为关注和最根本激励因素是薪酬福利，即工资、奖金、福利待遇，这些方面是最为激励精英网球教练员的需求，激发教练员活力、创造力的最重要因素。

第一，健全工资合理分配评定方式。应根据精英网球教练员不同的年龄、不同的水平构建个性化的工资绩效评定标准，以激励中青年精英教练员，鞭策年龄较大的精英网球教练员，实现不同成长阶段精英网球教练员激励政策体系的相互衔接和高效协作。

第二，健全周期奖金津贴政策体系。根据精英网球教练员的带队成绩、输送后备人才数量、突出成就、学历等多方面因素，给予额外津贴。激励周期分为季度奖金、年度奖金、节假日津贴并颁发荣誉证书，奖金额度为工资收入的20%到25%，奖金津贴评定保障公平公正公开。激励精英网球教练员提高自身与团队的竞争力，以及在团队中的个人与集体的荣誉感，不仅在物质上激励，更应在精神上激励，根据马斯洛的"需要层次理论"，当人的基本需要得到满足之后就会追求更高层次的需要。这种激励能够更健康、可持续地提高精英网球教练员活力、创造力、竞争力，提高工作质量。

第三，健全福利待遇激励措施。福利待遇是每一个精英网球教练员最基本的福祉，是精英网球教练员良好环境氛围与日常工作幸福感的保障，比如交通补偿、住房补贴、家庭子女福利待遇，衣食住行、家庭多方面福利待遇激励保障。

二、优化继续教育与职称评定制度

不同的职称、学历、年龄的精英网球教练员的自身成长与发展追求不同，自身成长与发展追求即继续教育学习、晋升、职称评定等精英网球教练员的价值追求和人生理想追求。

第一，搭建继续教育平台。定期分阶段、分层次进行不同等级的网球专项学习和文化教育学习，并且提供培训经费支持以及颁发考核荣誉证书，组织精英网球教练员研讨会、交流会、科学研究报告会等学习与交流，提高精英网球教练员培养理念和技战术训练方法储备。

第二，探寻职业生涯晋升路径。职业晋升发展路径的设计是职业生涯规划中较为重要的一部分。因为在教练员的职业生涯中，职业的晋升不仅代表着物质上的满足更是精神上的激励，进一步完善教练员晋升（享受）行政级别的相关规定，促使一些素质比较全面的教练员走上训练业务和行政管理并重的领导岗位。例如：业余精英网球教练员和无编在岗的精英教练员，在国内国际赛事中带队获得优异成绩、对输送精英后备人才做出贡献的，提供其职业生涯晋升路径。

第三，规范完善职称评定工作政策。简单地说，为无职称的精英网球教练员和高级职称的精英网球教练员做同样的工作，但是其薪资待遇有巨大差异，职称越高，享受的物质待遇则越高。而当前职称的评定不仅与带队比赛成绩相关，更与科研有关。所以，职称较低的教练员为了享受高物质待遇，则不仅需要提高自己的带队能力，还需要提高自己的科研能力。规范职称评定标准，评定考核内容分阶段、分层次，公正、科学进行评审，评审结果进行公示，同时提供反馈评估与监督平台，切实调动广大教练员的积极性和主动性。

三、完善工作服务平台与保障模式

为提高精英网球教练员工作服务保障的科学化和高效化水平，应深化开展精英网球教练员激励保障规律研究，科学处理精英网球教练员与其工作服务保障的关系，通过打造多元化高水平精英教练员培训基地、建立数字化精英网球教练员数据库等模式，以全面提升精英网球教练员的工作服务保障的科学化水平。

第一，打造多元集聚型精英网球教练员培训基地。在举国体制下，集中人力、物力、财力等资源，建立各地区精英网球教练员集中培训基地，基地中保证基础设施、设备"一体化"以及日常生活条件"标准化"。

第二，建立数字化精英网球教练员数据库。精英网球教练员信息库包括精英教练员的基本信息、职称、教练员等级、带队信息等等，信息的变化及时更新并安排专人审核，可以设置权限使双方互访，一方面能够保证相关信息的公开透明，另一方面，也为精英网球教练员的交流提供了线上平台。应选择智能化数字化的监控手段与方式，对不同年龄段、不同职称精英网球教练员的专项技术、运动生理学、运动心理学、社会交往等综合知识能力进行定期的测试和评价，并对精英教练员的测试和评价结果进行综合处理与科学分析，打造教练员综合知识能力和基本信息大数据平台，为精英网球教练员工作服务保障提供切实客观的参考数据。

第四节　实施重点工程计划

借鉴美国、英国、德国等体育发达国家网球教练员培养的经验模式，目前江苏省针对服务奥运，重视专业训练领域教练员的选拔和培养，多措并举，不断强化专业训练领域教练员队伍建设以及分类培养，注重教练员整体水平提升和可持续发展的政策演进过程，提出"精英教练员工程"这一计划。以此重点工程计划进一步优化教练员队伍结构，加快优秀中青年教练员的培养，重点打造一批具有奉献精神、精通专项训练理论和方法、熟悉项目发展规律、能够承担目标任务的精英教练员；建设一支层次合理、数量充足、分布均衡、衔接有序的人才梯队教练员队伍，积极探索我国精英网球教练员培养的新路径、新办法、新机制和新模式。

一、完善精英教练员工程计划实施条例

将"精英教练员工程"计划落到实处，即要应对精英教练员培养目标不明确、层级结构不合理，解决激励机制体系与选拔机制等突出问题，从而制定相应的建设目标、选拔机制和保障制度等。

第一，需要制定"精英教练员工程"计划的建设目标。促进精英网球教练员队伍结构的完善，填补中青年精英教练员层级的漏缺，显著提升我国网球项目的实力，使其健康、快速、可持续发展。

第二，应完善"精英教练员工程"计划的选拔机制。坚持"使用与培养并重，

管理与考核并举"的原则,通过建立健全周期与阶段相结合教练员考核与聘用办法,规范聘任程序,严格开展考核。在教练员竞聘、在岗期间必定将教练员的执教能力和知识更新作为考核的核心环节,鼓励那些肯学习、善钻研、紧跟项目发展潮流的年轻教练员走上前台。

第三,健全"精英教练员工程"计划的保障制度。既要增加薪资待遇,也要增加额外资金支持以及家属的后续保障,不仅如此,还应重视精英教练员的教育培养,以此将其专业素质能力以及技能水平作为重要的评估体系指标,结果作为教练员考核、晋升、聘用的重要依据。

二、加强精英教练员工程计划宣传

通过建立—完善—健全选人、用人、培养人的良好体制和机制,努力为教练员的成长发展创造良好环境,在全省优势项目和重点发展项目上建成一批人才高地,每个项目拥有 1~2 名国内领先、国际知名的项目带头人。

第一,"精英教练员工程"计划前期明确重点宣传对象。就"精英教练员工程"计划本身来说,每个项目都应该有极具优势的"领头羊"。就网球项目而言,教练员个人能力水平的优劣是能够在同一指标体系和评估标准下显而易见的,其要想在精良的群体之中脱颖而出,除自身独有的优势以外,还需要在激烈的精英竞争中应用优势、发展优势,去实现突出个人价值或双赢的目的,提升知识与技能的综合素质能力,并在各型各类的赛场上得以展现。因而国家级、世界级赛事上出现的年轻教练员会是"精英教练员工程"计划的重点宣传对象。

第二,"精英教练员工程"计划中期加大宣传力度。在进一步优化教练员的资源配置、后勤保障,促进其在激烈竞争中得到全面发展的过程中,精英网球教练员是被明确为宣传对象的。一般的学习会议讲解、重点工程计划文件的上传下达、全国各地的教练员的精英性培养的极具针对性宣传,能够激发教练员的竞争兴趣与个人能力提升的欲望。

第三,"精英教练员工程"计划后期丰富宣传方式。全面的宣传是国家对相应政策的大力肯定,而且更容易营造出精英网球教练员的良好发展环境。可通过自媒体、俱乐部教练员等级培训文件、官网培训消息推动等多样宣传方式对有意向往精英培养的教练员进行宣传。除此以外，重点工程计划的现场宣讲或各省（自治区、直辖市）地方的计划发布会也能达到同样的宣传效果。从而打造出各省市地区属于自己的精英网球教练员，以此增加网球运动参与人数、促进网球项目推广和扩大城市宣传。

三、明确精英教练员工程计划推进责任

在政府部门的有力支持和社会组织的鼎力协助下，精英教练员的实际作用是能够使培育出的一批优秀尖子运动员在奥运会、亚运会、全运会等国内外重大比赛中获得更多金牌，参赛成绩对国家贡献保持全国前列，同时打造具有国际影响力的世界冠军、奥运冠军等体育明星，切实增强网球运动项目核心竞争力。

第一，"精英教练员工程"计划应是政府事业的一部分。教练员队伍的实际效用最终是服务于整体运动团队的，以此达到精英后备人才的储备及其专业综合素养体现的目的。此过程是需要政府制定宏观的政策、法规、发展规划来引导教练员后续使用效能，政府通过财政、制度、人事等手段影响"精英教练员工程"计划的发展方向和速度。

第二，"精英教练员工程"计划也是社会组织形态的一部分。从市场经济视角来说，对于精英教练员的使用效能着重体现在国内精英后备人才数量的涌现以及精英后备人才获得金牌数量的多少。但精英教练员的经济价值则由具体的如单项体育协会、奥林匹克教练员委员会或职业体育联盟等社会组织上的实际地位得以体现，因社会组织的运作高度市场化，能帮助精英教练员创造较高的市场经济利益，以求实现其经济价值最大化。

第三，"精英教练员工程"计划是政府事业及社会组织形态所共有的部分。精英教练员的教育培养、组织管理具有以政府主导、以社会团体为主体的基本特征。首先政府在教练员队伍建设、发展培养中起着主导作用，主要功能是提供后勤保障，因此扮演着重要角色。其次，政府不直接参与精英教练员培养工作的组织和实施，通过制定法律法规宏观引导教练员后续发展、实际效能的发展方向，通过制定政策、职业资格标准来完善其高质量的发展，通过国内外重大比赛的名次实现社会组织形态的经济作用效应。

四、夯实精英教练员工程计划实施保障

人力、物力和财力是影响教练员人才培养效果的关键因素,精英网球教练员培养需不断夯实资金保障、人力保障和组织保障。

第一,资金保障。国内的运动项目经济支撑主要是以政府出资为主导,团队的配置以运动员为重心。但由于网球运动项目的多元化培养模式,俱乐部招聘、家庭自费出资找教练员的形式更为普遍,项目团队的重心在于教练员的精英与否。因而在计划实施过程中,要尽早引导政府、企业或社会组织或家庭对有潜力精英教练员的培养给予政策、资金和团队力量的支持,这对精英教练员的能力的进一步优化以及队伍的建设更加有利。

第二,人力保障。"精英教练员工程"计划的有力实施是基于计划建设目标、管理体制、激励措施等方面的明确与完善,科学性、实施有效性能够在宣传推广乃至实施应用中突出体现。而这都将归功于管理阶层、服务人员和整个网球团队对于资源的合理配置,在重点工程计划的每个阶段提高各项资源利用效率,增强资源合理效果优势,最终提高市场竞争能力。

第三,组织保障。不同于资金与人力保障,组织保障紧密联系着人力、财力、物力的实际效用,为其提供着优质的服务。对于重点工程计划而言,良好的组织是为了精英教练员的成才与优良队伍的建设提供后勤保障,密切联系人力资源的合理分配、政府或社会等方面的资金来源、计划制定至产生实际效果等阶段,并使各方面工作在合理的情况下有条不紊地进行。

第三篇

网球项目体教融合推进策略研究

"十四五"时期是我国向基本实现社会主义现代化迈进的关键时期，同时也是我国全面开启社会主义现代化强国建设新征程的重要机遇期。2020年9月22日，习近平总书记主持召开教育文化卫生体育领域专家代表座谈会，就"十四五"时期，体育发展总体战略提出要求。习总书记强调：要科学研判体育发展面临的新形势，坚持问题导向，聚焦重点领域和关键环节，深化改革创新，不断开创体育事业发展新局面。

体育强国不仅是竞技体育层面的强大，与其同等重要的是国民身体素质总体水平的提高。青少年作为国家和民族的未来，是我国提高国民身体素质、实现中华民族伟大复兴和体育强国稳步发展的基础。青少年作为我国社会的宝贵财富和体育事业的无形资产，其体质健康一直是举国关注的重点，促进青少年健康是实施健康中国战略的重要工作。受"应试教育"的长期影响，我国学生的健康素养水平不高，体育参与严重不足，缺失运动兴趣；学校体育不受重视。2014年，时任国务院副总理的刘延东在全国学校体育工作座谈会上指出：据教育部公布的调查数据，小学三年级至初中，只有29%的学校每周上满3节体育课，近80%的学生每天达不到一小时的体育锻炼，有的学校，高中特别是高三基本全部停上体育课[1]；体教结合后继发力不足，体育和教育难以产生实质性融合，学校体育、各级各类体校、学校高水平运动队和社会体育组织四类主体的政策壁垒难以消除等诸多问题日益严重，亟待改善[2][3]。

2020年4月，习近平总书记主持召开的中央全面深化改革委员会第十三次会议审议通过《关于深化体教融合 促进青少年健康发展的意见》(以下简称《意见》)。2020年9月，国家体育总局和教育部联合印发了《意见》，彰显了两部门对体教融合工作的高度重视。《意见》指出，确立学校体育的主体地位，旨在通过加强学校体育建设，推动青少年文化学习和体育锻炼协同发展，完善青少年体育赛事体系，帮助学生在体育锻炼中享受乐趣、增强体质、健全人格、锤炼意志，培养

---

[1] 何年. 体育融入素质教育新理念 [J]. 教育，2019（9）：19-20.

[2] 杨国庆. 中国体教融合推进的现实困境与应对策略 [J]. 成都体育学院学报，2021，47(1)：1-6.

[3] 柳鸣毅，龚海培，胡雅静，等. 体教融合：时代使命，国际镜鉴与中国方案 [J]. 武汉体育学院学报，2020，54（10）：5-14.

德智体美劳全面发展的社会主义建设者和接班人[1]。《意见》的出台，无论是对体育工作还是教育工作来说，都是具有里程碑意义的一件大事，为学校体育的改革和未来的发展提供了指导方针。我国职业化水平较高且普及发展速度较快的网球项目，在体教融合发展过程中却存在发展后劲动力不足、体教融合深度广度不够、学校招生过程异化、校园网球活动不活跃、后备人才培养质量下降以及精英后备人才储备出现断层等诸多问题[2][3]。在新的形势下，网球运动从业者要深刻解读《关于深化体教融合 促进青少年健康发展的意见》和《关于全面加强和改进新时代学校体育工作的意见》精神与要求，切实立足于新时代中国教育现代化和体育事业转型发展背景，积极响应体教融合政策导向，把握网球运动体教融合新机遇。《意见》对我国网球项目可持续高质量发展具有深刻意义和价值。基于此，本研究在《意见》的指导思想下，探别影响网球运动体教融合发展的关键因素，梳理网球运动体教融合的相关政策和借鉴网球运动体教融合开展较好地区的成功经验等，为推动网球运动体教融合的路径选择以及推进政策优化策略提出谏言，希望在实现"以网育人"促进青少年健康发展的同时，为网球运动储备竞技体育后备人才、夯实网球运动发展基础、推进体育与教育事业的持续健康发展提供理论支持。

本研究通过对网球运动体教融合发展实际情况进行实地调查取证，探别各地、各部门网球运动体教融合发展过程中的优缺点，总结影响网球运动体教融合的共性与个性并对网球运动体教融合的相关政策与实施情况做出归纳与分析。本研究的理论意义主要包括：明确网球运动体教融合的现实困境与影响因素，为推进我国教育和体育的协同融合与改革创新提供理论参考；着力破除我国网球运动体教融合发展的制约因素和政策漏洞，为完善我国网球运动体教融合的推进方案提供重要理论依据；丰富我国学校体育与竞技体育协同发展的理论体系，为我国迈向

---

[1] 李爱群，吕万刚，漆昌柱，等.理念、方法、路径：体教融合的理论阐释与实践探讨——"体教融合：理念·方法·路径"学术研讨会述评[J].武汉体育学院学报，2020，54（7）：5-12.

[2] 刘畅，王祁雅莉，蒋丽萍，等.东京奥运会网球项目形势分析及备战策略研究[J].广州体育学院学报，2018，38（06）：98-100.

[3] 吕雪松，陈丽娟.重庆市青少年网球运动发展现状调查研究[J].西南师范大学学报（自然科学版），2018，43（08）：77-82.

体育强国增添理论基础。此外,本研究通过对各地区、各部门网球运动体教融合的实际情况进行调查与总结并结合各地区、各部门网球运动体教融合优秀案例,剖析网球运动体教融合的现有政策,做到扬长避短,为网球运动体教融合高速发展提供优化策略及路径。其实践意义主要包括:理清我国网球运动体教融合的发展现状与制约因素,为地方政府相关主管部门政策制定提供蓝本;提出网球运动体教融合的路径选择与推进方案,提升网球体教融合推进政策的深广度,在实现网球运动高质量发展的同时为其他运动项目提供参考;提出网球运动体教融合优化策略,提高网球运动体教融合政策的实施效率。

本研究以我国网球运动体教融合推进策略为主要研究对象,以部分省市教育部门行政管理人员、部分省市体育部门行政管理人员、部分省(自治区、直辖市)网球运动协会管理人员、部分网球特色学校管理人员及教师,以及部分家长为调查对象。研究团队主要采用文献资料法以"体教融合""校园网球""学校体育""青少年体育""体育传统特色学校"等为主题词,以"2000年1月1日—2021年6月1日"为时间跨度,通过中国知网数据库下载并查阅与主题词相关的文献,并通过四川省图书馆、成都体育学院图书馆查阅有关学校体育发展、青少年网球运动等方面文献资料,以此作为本研究重要的理论参考和文献支撑。研究团队采用专家访谈法,针对当前我国网球运动体教融合的现状与阻力因素、网球运动体教融合的影响因素、青少年网球运动发展特点、网球运动体教融合的优势与不足、国外政策的借鉴参考以及网球运动体教融合促进政策的建议等为主题,制定了结构式访谈提纲,采用当面访谈和电话访谈(网络访谈)等形式,分别对部分省市教育局、体育局管理人员,网球协会管理人员,省市体校教练,网球特色学校领导与教师等进行了深入访谈与详细记录,以此作为本研究丰富的实证材料和现实参考。为了更加充分地了解目前网球运动深度体教融合的发展现状以及保证本研究获得的信息具有真实性、准确性,课题团队实地走访了上海、广州、浙江、四川、云南、陕西等地的网球特色学校、网球俱乐部、业余体校等单位,实地考察了网球体教融合发展氛围以及相关推进政策的落实程度,对其实际情况与难题进行调研,将各个考察单位的考察结果进行汇总整理,以此为本研究顺利开展提供基础。此外,研究团队采用案例分析法对广州黄埔区凤凰湖小学、上海市实验学校以及成都市网球协会等对于体教融合工作开展较好的案例进行分析，从个案中总结出对网球运动体教融合更有价值的经验，探索出适合网球运动体教融合具有可借鉴、可操作价值的实践策略。最后，研究团队主要运用推理、归纳、总结等逻辑分析法，以大量文献、理论资料为基础，对本研究的框架与内容进行结构设计，对调查得到的网球运动体教融合工作开展现状与其原因进行阐释辨析，对我国网球运动深度体教融合的关键路径与策略进行剖析论述，进而从系统全局的角度为我国"十四五"时期网球运动深度体教融合下一步工作的推进策略提出参考意见和建议。

第十一章 体教融合指导意见的精神解读与价值导向

第一节 发展目标

在新时代体教融合背景下,《关于深化体教融合 促进青少年健康发展的意见》和《关于全面加强和改进新时代学校体育工作的意见》及相关政策的指导精神促使网球运动体教融合的发展目标发生新的变化,深刻解读体教融合指导意见对分析和解决网球项目发展问题具有深刻意义。发展重点主要集中在以下几个方面。

一、推动青少年网球快速推广普及

推动青少年网球活动广泛开展,逐步完善青少年网球普及推广体系。通过创建"全国青少年校园网球特色学校"活动,积极协同教育部门共同推进网球特色学校创办试点工作,使网球项目能够更好地进入校园,使更多学生能够直接参与到网球运动中去;不断丰富校园网球娱乐竞赛活动,学校能够不定期举办不同等级或形式的竞赛、活动,通过娱乐活动的宣传作用吸引更多学生参与其中,最大程度上推动网球的普及;开展中国网球协会青少年网球夏令营活动以及青少年网球系列活动,让不同地区青少年聚集起来进行交流和学习,通过这种形式青少年们取长补短,在不断提升自身竞技水平的同时提升社交能力;通过对网球的宣传让更多的青少年加入网球运动当中,从而夯实网球运动的发展基础。

二、加强青少年学校网球全面发展

全面加强校园网球特色学校建设，以创建"全国青少年校园网球特色学校"为契机，由体育部门和教育部门共同推动网球特色学校建设，完善"一校一品""一校多品"模式，加强网球特色学校师资培训、教学训练和赛事组织水平或力度，提高网球特色学校的教学训练水平和办学组织能力，以发挥主动作为、示范引领、促进推广的积极作用。鼓励学校加大对网球代表队和俱乐部的建设力度与支持投入，配合学校制定网球代表队和网球俱乐部的管理制度与运行办法，协助学校完善网球教学、训练、竞赛的指导和监督工作机制，助力推动网球科目纳入中考体育范围并逐步提高分值；贯彻落实"校协"相结合的模式，发挥各级网球协会主导作用，积极引导教育系统有效引进社会力量和专业资源，全力支持与服务校园网球日常工作；大力鼓励体校与各级学校建立合作关系，实现优势互补和资源共享，有效提高校园网球运行效率和发展水平，进而着力构建校园网球青少年训练网络和后备人才培养体系。

三、打造青少年网球赛事完整体系

大力完善我国青少年网球赛事体系，充分发挥中国网球协会U系列青少年积分赛的影响力，将各级各类基层青少年网球比赛纳入中国网球协会U系列分级积分赛体系中；推动以校园网球发展的"联盟"杯团体赛和推动以基地建设为目标的"基地"杯团体赛，不断丰富青少年网球赛事体系和提高办赛水平。扩大网球赛事规模，提高赛事覆盖广度：推进学校网球赛事和青少年网球赛事的衔接与整合，建立分学段、跨区域的四级青少年网球赛事体系；引导和鼓励各级学校、特色学校和社会力量举办各级各类青少年网球赛事，丰富基层青少年网球赛事供给，满足广大青少年不同层次的比赛需求；加强国际赛事合作，促进赛事影响升级，力争实现中国网球协会U系列分级积分赛与欧美发达国家或地区U系列比赛的有效衔接，力争纳入UTR排名系统，有效提升赛事影响力和吸引力，为我国青少年网球运动员竞技水平提高、升学和职业发展创造有利条件。理顺健全青少年网球运动成绩评定奖励机制，做到根据运动员的运动成绩合理进行奖励，通过物质奖励和精神奖励的结合，最大程度上激励运动员，使运动员有充分的动力去训练和比赛，充分发挥网球赛事在营造良好氛围、提高训练水平、发掘培养人才等方面的杠杆作用。

四、完善青少年网球人才培养体制

不断优化青少年网球后备人才选拔制度，拓宽青少年网球人才选拔通道，建立健全青少年网球优秀人才培养体制；鼓励培育青少年社会网球组织，引导社会力量参与青少年网球人才培养。鼓励和引导各行业网球协会建设，发挥各行业网球协会的引领作用；引导扶持各类学校、体校、体育中心（场馆）等创办形式多样的青少年网球俱乐部，探索实施会员制等多元管理模式，充分利用其自身资源优势，面向青少年提供公益性网球服务。通过学校、社会、政府三者之间相互结合，共同参与到网球后备人才的培养之中，三方资源互享，共同完善青少年网球优秀人才培养体制，不断提高竞技网球人才的质量，扩充我国青少年网球后备人才库；利用数据平台，运动员可以更加清晰地知道自己需要提升的板块，提高训练效率，也让自己的训练也更加科学。

五、促进青少年网球事业优化治理

将健康教育全面融入校园网球教学体系。完善校园网球教学大纲体系，明确青少年健康教育学习目标，设置青少年健康教育知识内容，制定青少年健康教育评价指标；积极宣传校园网球的健康教育价值，充分挖掘校园网球的健康教育功能，进而全面提升青少年健康素养能力和健康教育水平；不断完善校园网球管理体制和运行办法，合理修订校园网球教学训练指导手册，有效规范教学和训练日常工作；合理制定校园网球评价指标和标准，有效促进校园网球健康稳步发展；合理建立校园网球参与主体激励机制和办法，有效消除校园网球参与主体利益藩篱，进而打造校园网球良性健康发展的制度体系和政策环境。

第二节 发展原则

一、坚持党的领导、政府主导的组织原则

坚持政府主导是我国教育事业和体育事业的行动逻辑，职能部门的高度重视与行政支持是维护体育、教育事业稳步推进的关键。新时代网球项目深度体教融合以习近平新时代中国特色社会主义思想为指导，贯彻十九届五中全会精神，落实《体育强国建设纲要》部署，落实中央全面深化改革委员会第十三次会议关于体教融合的重大要求，坚持以党的领导为核心，坚持党总揽全局的战略思想，以社会主义核心价值观为引领。在各级党委领导和政府的带领下，进一步突出各地政府在促进青少年健康发展上的主体责任，充分发挥各级政府部门的主导作用，建立健全青少年体育部门联席会议制度和跨部门联合监督机制，健全教育督导评价体系，建立青少年体育治理共同体。

二、坚持健康第一、全面发展的价值原则

为贯彻落实习近平总书记关于"十四五"时期体育强国建设的重要指示，《关于深化体教融合　促进青少年健康发展的意见》全面提出"促进全体青少年健康发展"的新目标，意在真正促进青少年健康成长，树立"健康第一"的发展理念，促进青少年德智体美劳全面发展。在当前，树立"健康第一"的教育理念就必须始终将广大青少年健康发展和实际需求放在第一位，培养终身体育习惯，培养青少年的健康生活方式。在网球体教融合实施的内容设计、方式选择以及绩效评估等方面均要体现"健康第一"的目标约束。开启开足网球课，推动实现青少年文化学习与体育锻炼协同发展，继续完善青少年网球体育赛事体系，充分发挥"以网育人、育才"的多元功能和综合价值，使学生在参与网球运动过程中能够增强其体魄，健全其人格，锤炼其意志，为培养担当民族复兴大任的时代新人发挥重要作用。

三、坚持一体设计、融合创新的运行原则

习近平总书记对"十四五"时期体育发展总体战略提出了要求：要科学研判体育发展面临的新形势，坚持问题导向。新时期网球运动体教融合发展过程中要时刻保持大局意识，坚决破除各部门的隔阂，杜绝部门思维、部门立场，重构体育与教育部门的现代化治理新机制，推动体育、教育、卫生等部门的统筹协调，清除体制机制障碍，优化设计路径，研究深化各领域制度、政策之间统一配合，推动各部门间的融合发展，重视发挥各部门间联合会议制度的协调作用，实现各组织间的有效联动，坚持推动体育和教育部门在人才资源、赛事运营、政策、评估体系、激励措施、监督机制等多方面的全面融合，实现相关决策部门一体化设计的思路，指定一体化实施的执行方案，实现横向一体化的组织关联，彻底实现体育和教育两个运行系统的深度融合，从而最终实现青少年网球锻炼与文化教育协调发展。

四、坚持改革创新、多元协同的发展原则

实现"十四五"时期体育发展的总体战略要求，网球运动体教深度融合的根本目标是以教育部门为核心的牵头改革部门要树立多元开放融合的理念。教育部门应该加强统筹，强化对地方抓落实的督促指导，完善网球运动资源配置，及时评估网球运动深度体教融合政策的落实。同时坚持多部门分工配合、上下联动、密切合作的工作原则，调动全社会共同参与的积极性，确立青少年体育为主体协同治理的重要手段，形成政府力量、学校力量和社会力量共建、共赢的命运共同体，以发挥不同类型青少年体育组织的优势且理清其角色定位，赋予其侧重不同目标的多元功能，这样才能积极地对接社会、对接市场，加快力量多元化、成才渠道多元化的发展格局的形成，建立多元开放的青少年体育健康发展的治理体系。

第十一章　体教融合指导意见的精神解读与价值导向

第三节　价值导向

一、突显健康第一与全面发展的育人价值

"健康第一"起初的目的是增强国民体质，进而保家卫国振兴中华。新中国成立之初受旧中国积贫积弱以及受西方列强排挤的国内外环境的影响，毛泽东在写信给时任教育部长马叙伦时首次提出"健康第一，学习第二"的思想，体教融合传达体育是塑造人、教育人的最有力武器。新时代体教融合确立了青少年培养一体化发展的新思路，体现了体教"一元论"的身心整体发展观。"以网育人、以网塑人"是新时代网球运动体教融合的新认知、新思路。新时期网球体教融合的目标是使参与网球运动的青少年得到身体以及心灵的共同锤炼。运动本身在塑造人的意志品质和教育人的思想道德上起到了不可磨灭的作用，网球运动能够有成效地教育学生，能够发挥自身在教育学生道德品质方面的独特优势。牢固树立网球教育和文化教育协同育人理念推进网球深度体教融合；强化以人为本"育心"和"育体"同时出发，身体运动与思维活动相结合，促进青少年意志品质和身体的同时发展。

二、助力健康中国与体育强国的发展价值

深化体教融合主要针对解决融合进程缓慢和青少年体质持续下滑等问题，竞技体育与学校体育之间的不平衡在阻碍我国竞技体育改革步伐的同时，也拖慢了青少年全面发展的速度[1]。网球体教融合旨在满足我国网球全面发展人才培养的总的需求，无论是专业运动员还是普通大中小学生，其成长、成才都是自身的发展需求，网球全面发展型人才的培养更是国家的意愿，网球体教融合能够为社会发展、国家建设培养更多的全面发展的人。由此看见，体教融合是对新时期我国教

---

[1] 陈作松，吴瑛，缪律.深化体教融合背景下我国运动员选材和培养的发展机遇与创新策略[J].武汉体育学院学报，2021，55（09）：74-78.

育和体育工作的全面部署和顶层设计，深化体教融合以转型为依托，推进我国体育强国建设，为我国学校体育的改革和发展指明前进的方向。网球运动深度体教融合依托体教融合新的发展理念，应以校园网球为主体，增强网球课的质量与数量，增加网球课的时长，丰富课余训练活动，聚焦网球的教育功能，确立以学生为中心的科学发展观，调动社会、市场向学校资源投入的积极性，为广大青少年的健康发展以及网球项目的发展提供长久动力。

三、强化学校体育与网球教育的创新价值

网球体教融合实际上是将学校网球体系和教育体系融合在一块，其中包含了网球项目的教学、训练、赛事开展以及理论知识和文化知识的学习，旨在加强学校网球项目的开展、完善青少年网球赛事体系、加强高校高水平网球运动队建设、深化体校网球改革、大力培养网球教师和教练员队伍、强化网球项目政策保障、加强网球赛事组织实施等。《意见》为新时期网球运动体教融合多元主体共建、共治创造了制度条件。在新时代历史条件推进下、新体育改革发展推动下以及新使命愿景驱动助推下形成与发展的"体教融合"理念，是体育体系与教育体系高层次融合的一种尝试，在正确处理学校体育教学改革发展与稳定关系、培养与造就一流体育后备人才方面具有重要意义[1]。深化体教融合在于将体育和教育充分融合并形成合力促使体育彰显更强的育人功能与价值，实现学校体育和竞技体育在概念和理念上的变革，在发展方式上不仅宏观上要求国家层面体育和教育部门协同配合还要求中观的党政机构要破除部门封闭思维、摒弃部门立场，以加强竞技体育后备人才培养和促进青少年健康发展为导向，而且还要求微观的学校、家庭、个人及相关社会组织优化设计路径，强化自身改革。网球体教融合基于解决学生体质健康问题，全面推进学校体育课程改革，推动学校体育与竞技体育从表层配合到深度融合的实践探索，是解决学校体育领域和竞技体育领域痼疾的积极尝试。

四、推进人才培养与网球发展的治理价值

网球体教融合旨在满足我国网球全面发展人才培养的总的需求。无论是专业

---

[1] 孙有平，柴广新."体教融合"理念下的高校体育教学改革路径研究——评《新时期高校体育教学及其课程体系改革研究》[J].教育发展研究，2021，41（10）：85.

运动员还是普通大中小学生，其成长、成才都是自身的发展需求，网球全面发展型人才的培养更是国家的意愿，网球体教融合能够为社会发展、国家建设培养更多的全面发展的人。网球体教融合是网球项目快速发展的必然趋势，无论是体育还是教育，其事业的发展与进步都需要使其功能发挥最大化。青少年时期是培养"终身锻炼"思想的关键时期，学校是青少年接受教育的主要场所，学校体育是青少年接受体育教育的基础，学校体育的价值定位就是提高国民素质，振奋和强化民族精神。深化体教融合的提出为我国竞技体育人才的培养提供了新思路，为我国竞技体育人才培养凝神聚力[1]。深化体教融合不仅要缓解运动员选材和培养过程中的运动训练和文化教育的冲突，而且要跟踪运动员养成、在役期间的训练、学习和生活以及退役后的择业就业和社会融入，实现青少年运动天赋甄别、潜力运动员输送、优秀运动员打造和退役等环节的衔接，争取全过程的一体化。深化体教融合提高运动员的训练效率，也是亟待解决的问题，解决从网球进入校园开始到网球走出校园，从运动员选材到运动员成才等一系列的网球人才培养问题。

---

[1] 李乐虎，王健，高奎亭，等. 深化体教融合背景下我国学校体育治理的现实困境与路径选择 [J]. 天津体育学院学报，2021（05）：520-527.

第十二章　网球项目体教融合发展问题分析

第一节　观念认识问题与分析

一、学校教育系统忽视体育的教育功能

体育作为一门教育学科,具有教育功能,教育部门和学校教育系统在实际的操作之中却往往忽视体育的教育功能,体育被单一地视作一种操作技能的练习,与其他学科的发展并无联系甚至背离。目前学校教育系统和社会各界关于体育的认知多数仍停留在修身养性、强身健体层面,更多地看到其"育体"的功能而非"育人"的功能。无论是教育者、受教者还是旁观者都选择性地忽略了体育的"育人"本质,将体育"育体"与"育人"割裂成为群众的惯性思维,这导致学校教育系统忽视体育的教育功能的现象。上述问题的主要原因是社会各界对体育存在认识偏见以及学校教育系统仍存在对体育边缘化的态度等。

1. 社会各界对体育存在认识偏见

社会系统是各子系统生存与发展的资源支撑,任何系统都存在于一定的环境中,不能脱离环境而独立存在。体育系统作为社会系统的子系统,更不能脱离政治、经济、文化和科学技术等社会环境因素而独立存在,它同社会各系统之间有着物质、信息和能量交换,不断地从社会环境中得到人、财、物的支持,又不断地为社会提供人才和服务[1]。原有体制割裂了体育与社会系统间正常的人、财、物交换,通

---

[1] 马玉芳,李勇.关于我国实施"体教融合"的体制难点及制度设计的研究[J].体育与科学,2014,35(03):88-92.

过行政干预给予体育特殊照顾，即我国体育的发展多依赖于政策这种硬性的要求进行支撑，很少与社会各界有机融合。其主要原因也是社会各界对体育存在认识偏见，没有把体育与其他行业等同看待，这使体育很难融入社会，更何谈挖掘体育的教育功能，从而导致学校教育系统忽视体育的教育功能。

2. 学校教育系统仍存在对体育边缘化的态度

举国体制下的"金牌战略"和应试教育下的"唯分数论"，也进一步深化了学校教育系统和群众"体育""教育"分离的思维惯性。学校体育仍是学校教育工作中的薄弱环节，体育长期以来的弱势学科地位，导致学校领导、教师与学生自上而下地让体育教育边缘化，体育作为一门边缘学科其教育功能逐渐被缩小[1]。网球作为一种体育项目，对学生综合素质的培养是全面、全方位的，在学生的德、智、体、美等各方面都有较高的育人价值，尤其是在大力推进"立德树人"及学生德育素养有待提高的今天，挖掘和发挥网球运动的育人价值非常必要[2]。现今学校教育系统对网球的片面认知导致校园网球的发展桎梏，对于网球项目的认知程度不够，缺乏网球项目在学生的德育、智育、体育、美育方面价值的认知。学校教育系统对于体育边缘化的态度仍旧存在，导致学校教育系统忽视体育的教育功能。

二、教师对体教融合政策认识尚不全面

教师对体教融合政策的认识尚不全面，还停留在解决运动员文化教育问题，存在对于"健康第一"教育理念的认知不够以及对于"以体育人"的价值理解不够等问题。以上问题的主要原因是体教融合政策宣传力度的薄弱、根深蒂固的狭隘观念以及教师学习主动性的缺乏等。

1. 政策宣传力度的薄弱

学校为了提高知名度，会倾向于学生文化成绩的学习，在对体教融合政策的宣传上会存在一笔带过的现象，这使家长和学生未能接收到足量的信息，不了解

---

[1] 钱娅艳,张君.青少年体育教育中家庭与学校角色定位的困境与反思[J].当代体育科技，2021，11（11）：20-23.

[2] 林进清."立德树人"背景下高校网球的育人价值研究[J].体育科技，2020，41（04）：148-149.

政策执行的效果与效益，受众群体的利益需求被忽略了。即使有学校对体教融合政策进行大力宣传，但是随着政策的深入，存在弱化针对性宣传，或者宣传效果不好后，就果断放弃的现象[1]。宣传渠道也较为单一，通过微信公众号宣传较多，其他途径宣传较少，宣传稿件对体教融合政策的解读以及政策衍生出来的精神价值的解读过于匮乏，从而导致教师对于体教融合政策认识尚不全面。

2. 根深蒂固的狭隘观念

虽然我国的体育教育制度、政策等不断结合国情进行着修正改进，但是受传统观念的影响，固化的思维深深存在于教师的普遍认知，对体育教学的刻板印象早已成为社会常态，教师也并未因外部政策的制定而完全改变其对体育教育的认知与行为选择。观念打破艰难，理念扎根艰难，社会上依然存在着"学习成绩差才走体育道路"的理念，且存在体育专业毕业后找不到工作、专业不对口的谣言。这些传统的固化思维都会影响教师对于体教融合政策的认识，阻碍体教融合政策的施行。

3. 教师学习主动性的缺乏

虽然体教融合政策宣传力度较薄弱、宣传途径较单一，但是教师应具备自主学习体教融合政策的能力和积极性，教师对于体教融合新政策没有认真思考，对于体教融合衍生出来的精神解读认识不够全面，还是停留在"体育"和"教育"分离的层面，且教师不了解提高对于体教融合政策的主动学习积极性，能够直接或间接地推动体教融合政策的施行。就网球项目而言，专业教师数量本就稀少，若不提高教师的质量，加强对体教融合政策更深层次的理解，会导致校园网球项目的发展越来越不如其他项目。因此，教师学习主动性的缺乏导致教师对于体教融合政策的认识不全面。

三、家长对升学考试的功利性意识较重

"家长的态度"是学生参与体育活动的关键。如今很多家长对升学考试的功

---

[1] 刘海元，展恩燕. 对贯彻落实《关于深化体教融合 促进青少年健康发展的意见》的思考 [J]. 体育学刊，2020，27（6）：1-11.

利意识较重，更多家长将练体育作为升学考试的工具，忽视了学生学习体育本质的特征，忽视了"健康第一"的教育理念。以上问题的主要原因是应试教育制度、升学通道不畅以及体育成才效率不高等。

1. 应试教育制度导致家长对升学考试的功利意识较重

在我国长期以来的应试教育制度影响下，"学而优则仕"被传承至今，各种升学考试在如今看来仍是实现阶层流动的途径，举学校和家庭之力提升学生文化课成绩成为教育常态，而体育作为多门科目中的"副科"，难以受到家长的重视，体育锻炼影响学习的思想观念仍然扎根在家长的思想里。家长积极的体育态度对孩子参与体育活动具有正向的影响[1]。体育运动有益于学生的智力开发，培养学生敏锐的感知能力、灵活的思维和想象能力、良好的注意力和记忆力，但部分家长忽视体育的智育功能，认为体育耽误学习效率，并且随着学历阶段的升高，学生、教师和家长所面临的学习任务变重以及升学压力变大，造成对学校体育的认识出现偏差[2]，进而导致学生练习体育仅以升学考试为目的，导致家长对升学考试的功利意识较重。

2. 升学通道不畅导致升学考试对家长的压力较大

诸多体育项目没有明确的升学通道，且梯队建设和运行机制过于缺乏，但校园足球中的升学通道较为全面。在校园足球球员的升学激励方面，完善足球特色校的招生考试政策，利用特色校的特殊身份，根据各地区不同的招生可以向特色校倾斜的政策，制定小初高和大学的足球特长生招生政策，形成以高等学校为"龙头"的大中小学"一条龙"足球梯队建设和运行机制。探索灵活学籍等制度和评价制度，为愿意成为专业运动员的学生提供升学通道，激励学生长期参加足球学习与训练，解除后顾之忧[3]。但网球运动的升学激励方面还有待完善，家长往往忽视网球运动的教育功能，网球能够培养学生的多元思维能力、良好的注意力和记

---

[1] 陈佳豪，文宽，徐飞.青少年身体素养与家庭教育、家长体育态度之间的关系研究[J].山东师范大学学报（自然科学版），2021，36（02）：212-216.

[2] 吴彰忠，高治，王生有.湖北省城乡中小学学校体育参与者对学校体育认识差异化的研究[J].青少年体育，2020（07）：134-136.

[3] 刘铭扬.体教融合视域下校园足球发展现状及趋势研究[D].扬州：扬州大学，2021.

忆力,更能够充分锻炼身体机能。经调研,小学阶段能够顺利开展校园网球,家长也较为支持,但到了初中和高中阶段,就会出现学训矛盾,没有固定的激励升学的政策的下发以及执行,家长会出现反对网球训练的现象。由此可见,升学通道不畅将会导致升学考试对家长的压力较大。

3.体育成才效率不高导致家长对"以体育人"的全面价值认识不足

体育专业化道路需耗费家长巨大的精力、财力以及物力,成才效率不高,学校领导、各任课教师以及社会各界对于体育的认知只停留在"锻炼身体"这一表面,忽视了"以体育人"的全面价值,大环境下,家长对"以体育人"的全面价值认识不足。就网球项目而言,网球作为弱势项目,培养一名学生运动员需要耗费极大的物力、财力以及精力,不如乒乓球等花费少又不容易受伤的项目受群众喜爱,因此,学校不会轻易去修建网球场地、引进网球资源,导致学校领导和教师对于网球项目的重视程度和认知程度较低。除学校外,社会各界亦缺乏对于网球项目"育人"功能的认知。网球运动具有很强的娱乐性和观赏性,能够锻炼学生的身体素质和心理素质,对于学生在学习和生活中"德智体美劳"的提高具有积极作用。体育成才效率较低,导致学校以及社会各界对网球项目的认知程度和重视程度不够,过于表面,且对于"以体育人"的全面价值认识不够,"众说纷纭",家长的潜意识自然对"育人"的全面价值认识浅薄,因此,家长对学生升学考试的功利意识加重。

第二节 参与主体问题与分析

一、体育与教育部门的协作力度不足

体育与教育部门工作诉求不一致,部门之间各自为政,缺乏"共商共建共享共赢"的执行理念,致使网球运动体教融合过程中体育与教育部门协作发展网球力度不够,网球项目体教融合发展不温不火,其主要原因如下:

1. 教育与体育部门独立办公，工作目标及工作诉求不一致，致使部门之间缺乏沟通协作的意识

网球运动体教融合"结合教""融合教"是过程，"回归教"才是终极目标[1]。教育部门以学校网球发展为主，注重通过学校达到网球普及的工作目标，强调注重学生的全面健康发展，通过网球运动在丰富学生课余生活的同时强健学生体魄，学校更为关注人才培养，考核、升学等标准的认证和管理权限。而体育部门则以网球体校培养发展为主，注重网球竞技水平的提高，更为关注网球竞技体育的发展，与高等级网球赛事相关的人员选拔和认知[2]。两个部门在工作目标上所要达到的终点和目的不相同，在各自部门上完成各自的工作目标，缺乏沟通与交流，想要合力发展网球，但实际刚准备出发就面临工作方向上的矛盾。

2. 教育与体育部门结构上搭建"教体部门"，为教体部门合作搭建平台，但其实际的融合过程中缺乏"黏合剂"将两个部门进行强制黏合形成整体

目前部分地区教育与体育部门合并"教体部门"，两个部门虽然在结构上进行合并，但其实际工作过程中出现"体育部门的事情教育部门做不好，教育部门的事体育部门难以完成"的具体问题。在2020年5月全国"两会"期间，全国政协委员、中国跆拳道协会和中国空手道协会主席管建民在《关于进一步增强教育和体育系统合理推动中小学教育工作高质量发展》的提案中明确提到我国教育部门的学校体育工作开展较弱且效果不佳。仅仅依靠教育部门自行组织学校网球体育工作，显得学校网球体育工作对于网球体育专业资源的利用率较低，缺乏网球训练规律的掌握，有些问题带有明显的跨部门和复合性特征[3]，未对体育部门优质资源进行充分的调动和利用。体育部门培养的运动员文化素质普遍偏低，未将正在义务阶段适龄学生纳入国民教育体系下进行培养，尚未充分利用教育部门的教育资源。并且，体育部门在青少年体育的发展上首要利益目标是培养网球竞技体

---

[1] 毛振明，程天佐. 理解体教融合新精神 思考学校体育新工作[J]. 体育教学，2020，40（10）：13-14.

[2] 杨三军，刘波. 冰雪运动进校园与体教融合的内在关联和经验借鉴研究[J]. 北京体育大学学报，2021，44（3）：105-113.

[3] 钟秉枢. 体教融合——开创学校体育工作认识新境界[J]. 体育教学，2020，40（10）：1.

育后备人才，次要利益目标是关注青少年体质健康问题，在青少年业余训练制度拟定、青少年业余训练体系建构等工作中，也都以追求"竞技成绩"为根本出发点[1]。体育与教育两个部门缺乏"共商共建共享共赢"的工作执行理念，尚未进行资源的有效利用，双方资源进行整合和相互利用则对于"教体部门"工作的开展将起到一定的黏合作用。

二、教育部门对网球推广重视度不强

从国家政策到社会再到学校发展重心不平衡，过度重视足球、篮球等项目，致使网球运动体教融合工作推动力不足。网球运动体教融合是体育与教育之间的融合，牵涉的将是两大系统内部和双方融合之间的问题，如果仅仅依靠体育部门单方面发力体教融合工作无法顺利进行。体教融合需要依靠国家、社会、家庭以及体育部门的多方发力，其主要原因如下：

1. 国家上层对于网球运动的重视程度不够，下层教育部门没有政策支持，想要发展网球也是心有余而力不足

根据 2020 年全国体育场地统计调查数据可知，全国球类运动场地共计 233.54 万个，其中足篮球、乒羽场地共计 225.18 万个，网球等其他球类运动场地共计 8.36 万个，仅占球类场地的 3.58%，国家对于网球场地建设不重视。并且，通过访谈了解到，我国多所学校没有完整的网球场地，甚至没有网球场地。国家更乐于建设足球、篮球、排球等普及性较高且易于开展的运动项目场地，对于网球、棒球、垒球等不易开展的运动项目的场地设施建设较为忽视。目前国家对于网球项目的实际拨款较少，2021 年国家体育总局网球运动管理中心部门预算文件中提及，"网球中心 2021 年财政拨款收支总预算 1 109.29 万元。收入包括：一般公共预算当年拨款 964.52 万元，政府性基金预算当年拨款 80 万元，一般公共预算上年结转 64.77 万元。支出包括：外交支出 44.47 万元，文化旅游体育与传媒支出 851.04 万元，社会保障和就业支出 74.52 万元，住房保障支出 59.26 万元，其他支出 80 万元"[2]。

---

[1] 杨国庆.中国体教融合推进的现实困境与应对策略[J].成都体育学院学报，2021，47(1)：1-6.

[2] http://www.sport.gov.cn/wqzx/n5342/c987789/content.html

篮球财政拨款收支总预算 2 384.12 万元 [1]，排球中心 2021 年财政拨款收支总预算 2 681.63 万元 [2]，网球财政拨款收支预算明显低于篮球及排球项目。教育部门对于经费使用严格执行"专款专用"原则，但网球运动本身属于一项国际性运动项目，没有一定的经济支持想要发展起来是较为困难的，教育部门想要发展却缺乏专门的网球活动经费，经费限制了教育部门对于网球项目的开展。国家上层对于网球项目的不重视，而下层教育部门缺乏国家政策的相关支持想要开展网球项目也力不从心。

2. 网球运动的开展极易受到场地的限制，不似足球、篮球等项目受场地影响较小

足球、篮球项目属于集体对抗性项目，一次教学或者训练对于人数几乎没有限制和要求，但网球项目的开展受到场地大小的限制和网球的运动特点影响，一片网球场地最多组织开展 6 人的教学，对于学校这样具有庞大的学生基数的环境下，学校网球场地供不应求。据调查，部分网球体育传统特色学校网球场地有 8 块，但是 8 片场地也仅仅满足网球校队以及网球兴趣班的教学，无法像足球、篮球项目直接安排在学校课程教学中，并且网球场地的维护也需要消耗较大的人力和财力。教育部门、学校想独立建设场地开展网球运动将面临巨大的资源消耗。

3. 中考体育没有将网球项目纳入考试范围，缺乏网球项目的参与和标准

教育部门对网球推广不重视的另一个原因在于中考体育当中没有纳入或者涉及网球项目，考试不考，自然难以引起学校重视。厦门市教育局在 2016 年中考体育考试方案中明确提出，将 100 米游泳，足球、篮球、排球"三大球"，纳入 2017 年厦门体育中考的选考项目，同时体育项目总分在中考成绩中提升至 30 分 [3]，厦门市教育局将游泳以及三大球纳入体考项目中，自然引起厦门市所有中学对于这些项目的重视。而目前各个省市地区都未将网球项目纳入中考体育中，考试不涉及该项目，学校则认为应当将重心放在考试项目中，从而忽视网球项目。

---

[1] http://www.sport.gov.cn/lqzx/n5306/c987477/content.html
[2] http://www.sport.gov.cn/pqzx/n5317/c987543/content.html
[3] http://www.moe.gov.cn/jyb_xwfb/s5147/201510/t20151013_212841.html

三、小学和中学网球发展的衔接不畅

目前,我国网球运动断层现象较为严重,小学阶段网球运动开展较为不错,普及程度较高,但到中学阶段严重萎缩。究其原因主要在于学业及升学压力较大,以及专业网球教师缺乏,从而致使小中学校网球发展衔接不畅。其主要原因如下:

1. 中学存在巨大的升学和学业压力

小学阶段,学校、家长主要以培养学生良好学习习惯、锻炼学生身体素质为主要目标,学业压力较小,到了中学阶段学业压力增加,学生面临巨大的升学压力。中考对于家长和学生而言至关重要,我国九年义务教育,小学六年加上初中三年,义务教育阶段一过,部分初中生考不上高中,则被分流到普通职高,中考成为学生命运的转折点。到了高中阶段,为了保证高考的公平性,国家规定公办高中不允许招收复读生,如果高考失利复读生只能选择私立高中进行复读,但是私立高中收费较为昂贵,一般家长难以承受。并且现在985、211大学取消了专升本,这无形又给高中生增加了巨大的压力。因此,到了中学阶段学生家长为了孩子能够升学必然要求孩子将更多的精力与时间用于文化学习,果断放弃对于网球运动的追求,而学校为了提升学校的升学率也将培养重心放在大部分学生的文化学习提高上面。面临巨大的学业及升学压力,学校、家长以及学生将选择放弃网球运动,从而致使小中学校网球发展衔接不畅。

2. 中学校缺乏专业的网球教师资源

在小学阶段网球运动发展目标主要是以普及与网球相关知识为主,对于网球教师的要求不高,但是到了中学阶段即运动技术水平学习阶段没有专业的网球教师进行指导,学生技术水平将难以提高。通过调查发现很多学校体育教师身兼数职,学校招聘教师也是要求"一专多能",要求体育教师可以同时担任篮球教练员、足球教练员、网球教练员,体育教师专业性不够,难以正确指导网球教学与训练;并且部分学校网球教师较为缺乏且专业技术水平较低,自主学习的积极性、主动性较差,对于自身的专业技能甘于现状。当网球教师意识到自身专项技能难以满足学生技术学习速度时,需要对自身的专项技能进行提高,通过校外培训、同事之间相互学习、网络课程教学等形式进行学习，才能有效保证学生网球运动技术水平的持续提高。

3. 中学缺乏标准的场地资源

小学阶段学生处于初级学习阶段，对于网球场地设施等要求不高，当网球场地不足的情况下学校可以开展"快易网球"，利用篮球场地、羽毛球场地等组织开展网球教学与训练，解决场地问题。随着学生技术水平的不断提高，到了中学阶段即技术水平提高阶段，学生则必须要在标准的网球场地内开展训练，而通过走访调查发现中学网球场地设施普遍较少，其中有的网球体育传统特色学校有6片网球场地，但是也仅仅只能满足学校网球校队的训练，普通中学有的甚至没有网球场地，这极其不利于网球项目的开展。因此，到了中学阶段学校场地供不应求，网球场地与参与训练人数的不平衡，致使小中学校网球发展衔接不畅。

四、学校与社会网球俱乐部协同不够

《关于深化体教融合 促进青少年健康发展的意见》中的第二十五条明确写道：教育部、体育总局共同制定社会体育俱乐部进入校园的准入标准，由学校自主选择合作俱乐部，同时要加强事中事后监管，改善营商环境，激发市场活力，避免因联合认定俱乐部而可能出现变相行政审批的现象。但是，在实际合作过程中，学校与社会网球俱乐部常出现协同不够的问题：家长观念陈旧，家长对于子女参与校园网球活动有所顾虑，责任和角色不清晰，校园网球"学校—家庭—社会"的联动机制不健全；相关政策制定不完善、执行不严格，校园网球标准化在建设过程中体系构建不全、重视程度不够、场地及经费不足。造成该问题的原因如下：

1. 学校与网球俱乐部协作的积极性和主动性不足

很多学校和网球俱乐部只是达成了初步的合作关系，在具体工作事宜开展过程中依旧存在步调不一致、目标不明晰等问题。体系构建不全、基础理论欠缺、标准化建设体系构建不全是我国校园网球推动标准化建设存在的最主要问题。

2. 学校与网球俱乐部的发展目标不一致

学校最看重升学率，网球俱乐部过于看重赢利。升学率是学校评优评先的重要指标，也是教师晋升的重要参考。学校领导和教师不得不把文化课程放在首位，将网球课程置于不太重视的位置，因此，在与社会上网球俱乐部合作过程中常表现出不够协同。而且，社会上一些俱乐部只把精力放在赢利上面，把与学校的合作视为迎合政策的行为，在诸多具体问题上并没有积极与学校协商解决。俱乐部往往更多面向社会招生，通过短期训练"挣快钱"，而对需要长期经营的与学校合作漫不经心。

3. 学校与网球俱乐部的合作缺乏评价与监督

作为校园网球标准化建设的组成部分，评价与监督不仅是标准化建设的重要环节，也是提升标准化建设质量的关键措施和步骤。要加快构建校园网球标准化建设评价监督机制，首先是建立评价和监督标准，确立评价和监督指标体系，同时评价和监督标准既要定性和定量相结合，又要具有可操作性；其次是完善评价监督主体，改变由一元少数专家为主的评价模式，建立政府部门、社会组织和校园机构为主体的评价标准的评价模式，保障评价监督工作科学、合理、公平、公正，最终实现校园网球标准化建设工作平稳进行[1]。

五、网球传统特色学校分布较不均衡

网球传统特色学校是我国网球后备人才培养的主要力量。按《教育部办公厅关于开展2019年全国青少年校园网球特色学校遴选工作的通知》的要求，各地组织开展了全国青少年校园网球特色学校推荐报送工作，经遴选、审核和公示等程序，有关省级教育行政部门确定了本地区的申报单位，经教育部组织专家综合审核，认定上海市青浦区教师进修学院附属中学等374所中小学校为2019年全国青少年校园网球特色学校。这374所网球特色学校主要分布在华中、华东、华南和西南地区，而东北、华北、西北地区却没有分布，其中，省会城市如南京、成都、昆明和直辖市上海、重庆分布较多，二、三线城市及经济欠发达地区则分布较少或没有分布，整体情况表现出我国网球特色学校分布呈现南北不均衡、东西不均衡的局面。造成这一局面主要有以下原因：

---

[1] 柳鸣毅，丁煌.基于路线图方法的我国青少年校园足球治理体系研究[J].武汉体育学院学报，2017，51（1）：33-46.

1. 经济发达地区在政策、宣传上更加重视

省会城市、直辖市在政策上给予了校园网球更多重视，在申办网球特色学校的过程中协同各方、积极争取，从官方管理层面表达了支持网球事业发展的信号。省会城市、直辖市的网球协会在申办过程中积极作为、宣传到位，从民间宣传层面打出了推广网球事业发展的旗帜。网球运动在地区开展的氛围也是关键因素，如在广东、北京、上海、浙江、江苏等地，经济发展较好，网球场地多，受众广，且具有承办大型专业类网球赛事的能力与经验，专业类网球赛事的举办对青少年学习网球提供了模范作用，因此，网球在这些地区开展氛围较好，参与人数多，从而赛事举办多。

2. 二、三线城市及经济欠发达的地区推广网球力度不够

二、三线城市及经济欠发达的地区的网球文化还处于待开发的状态，并且政府和民间协会对申办网球特色学校都不够重视，政府不积极、协会无作为导致了这些地区网球氛围太差，从而进一步导致了特色学校分布较少或没有分布。比如2020年GDP高达38 700.58亿元的上海市拥有30所网球特色传统学校，而GDP只有2 802亿元的宜宾市仅有5所，全省GDP只有3 005.92亿元的青海省甚至一所网球特色传统学校也没有。我国网球特色学校在地区上分布不平衡，对于东北和西北地区，整体经济水平较南方地区低，因此这些地区网球氛围不够浓厚、网球场地少、网球项目宣传不足、参与人数较少。以上因素共同导致了这些地区的网球特色学校分布较少。

六、网球传统特色学校发展动力不足

经过调研发现，大部分学校在申办网球传统特色学校时都非常积极，但部分学校在认定之后，并没有积极开展相关工作。我国网球传统特色学校的发展进入了动力不足的困境，其原因主要有三点：

1. 缺乏对网球传统特色学校的政策支持

部分学校在被认定为网球传统特色学校后，因为没有相关的政策支持，所以没有得到相应的人力、资金等资源保障。因此，学校在开展工作过程中存在诸多困难。

2.缺乏网球传统特色学校的评价体系

部分学校在申报网球传统特色学校成功后，在资源充足的情况下，积极开展网球活动。但学校却因为网球传统特色学校评价体系的缺失而得不到及时的、全面的评价，从而无法做出得到及时的反馈，以至于无法做出相应的调整。

3.部分学校自身资源不足

部分学校在被认定为网球传统特色学校后，由于学校自身缺乏专业网球教师、标准网球场等人力物力资源，其校园网球工作开展受阻，发展动力不足。还有的学校在师资和场地方面并不短缺，但却在生源方面存在明显短板。尤其是中学阶段，升学的压力导致学习网球的人数锐减，从而使特色网球学校面临招生难的问题。

七、家长对中学生网球学习支持减退

父母的支持是孩子进行网球训练的保障，家长对学生的支持，不仅仅是物质上的支持，更是情感上的激励和心灵上的慰藉。在体教融合政策背景下，家长为加强子女的身体素质，让孩子积极参与体育运动，但在孩子进入中学阶段时出现了一些不可避免的问题，其主要原因如下：

1.家长对体育抱有片面化态度

一方面：随着孩子们由小学阶段进入中学阶段的成长与学习，孩子们的学习压力逐渐加大，家长受经济能力和学历层次等的限制，对继续支持子女网球培训存在不同程度的疑虑，这导致对子女在中学阶段网球培训的时间和经济支持力度锐减。另一方面：部分家长认为文化学习相对于网球体育训练更为重要，在课余时间，家长会给子女报补习班，巩固学习的内容，提前学习将要学习的内容，这也就导致了初中生、高中生平常进行体育锻炼的时间不是很多，自由时间也不是很多[1]，父母对子女的情感支持上更加倾向文化教育。

---

[1]曹胜东.家庭体育对初中生体育行为影响的研究[D].南京：南京体育学院，2020.

2. 中学阶段"学训矛盾"突出

通过访谈发现，低年级学生家长对学生参与网球活动普遍持支持态度，他们认为网球活动能帮助学生锻炼身体、培养兴趣爱好等，但学生进入高年级，学习任务加重、接受文化学习的时间逐渐变长、网球学习与训练时间安排紧张，再加上家长非工作时间与孩子空余时间的冲突，部分家长面对孩子初升高、进入大学的升学压力，受到"万般皆下品，唯有读书高"的传统思想影响，认为网球训练与升学没有相关性，让孩子一心一意进行文化学习，有充足的时间与精力备考升学考试，从而产生了不太支持孩子参与网球活动的意愿。

八、网球教师专业素质能力不够全面

网球教师的数量与质量是推进网球运动可持续、健康高质量发展的重要影响因素之一。据访谈与调查得知，学校体育教师群体中存在网球高素质专业教师人数少，存在一名体育教师承担多个体育项目的教学任务、网球教师参加继续教育动力不足、学校缺乏统一的网球教学课程体制标准等问题，且网球教师专业素质能力不够。其主要原因如下：

1. 学校对引进网球体育教师不重视

网球专职教师的数量和专业业务情况是学校网球教学规模和质量的重要保证之一[1]。当前学校对引进教师数量有限，教育部门、学校领导重视学生的身体素质的全面发展，而对于网球项目的重视程度不够，而学校体育部门没有很大的话语权，这导致招聘的体育教师没有具体到某一运动项目，因此不仅高素质专业网球教师缺乏，就连体育教师在学校教师结构中都占比少。学校往往引进足球、篮球等"三大球"，乒乓球、羽毛球、健美操、田径等教师为主，而网球入门艰难、场地要求高，引进网球教师往往更是少之又少。网球教师的缺乏直接影响了学校网球运动项目的发展。

2. 继续教育较少致使教师发展动力不足

通过对网球教师的访谈了解到，目前河南省网球教师的培训机会相对较少。

---

[1] 郭守康. 南京市高校网球资源利用效益的研究 [D]. 南京：南京师范大学，2008.

一方面，大部分教师极少参加网球相关培训，通常是网球俱乐部教练员或教师以提高自身水平为目的自行参加的网球教学培训，有些学校甚至从来没有提供与搭建过网球教师专业素养、技能培训的机会和平台，这导致学校网球教师在专业知识储备、专项技能提高、网球教学方式与方法创新等综合能力提升上动力不足；另一方面，学校对网球教师的要求不高，很大部分网球教师都不是网球专业的，同时网球教师自主学习积极性不足，自身安于现状，缺乏自我提升、突破自我的精神。

3. 网球课程体系缺失致使教师实践能力不足

据调查，河南省的全国青少年校园网球特色学校中的 42.86% 并没有开设网球课；有 57.14% 的学校开设了网球课程，但网球课程只针对 1、2 年级学生，学校网球课程普及程度不高，高年级学生没有开设网球课程；在开设网球课程的学校中有 37.5% 的学校在教学中没有使用网球教材，课堂教学缺少科学的指导依据[1]。学校网球课程体系的不完善，导致网球教师不能科学地进行网球课程教学，依靠经验、其他网球理论书籍上课，不能直观、具体地对学生进行网球教学，长此以往网球教师专业素质、教学能力不断偏向理论性，缺乏一定的实用操作性。这种情况不仅无法让学生得到科学的网球教学与训练，同时也会让网球体育教师实践教学能力不足。

九、省市网球协会普及工作力度不够

据调查得知，当前部分省市网球协会与社会力量分离，部分省市网球协会推广积极性不足，网球运动赛事、活动承办缺乏多元社会力量支撑，媒体宣传渠道单一等，这导致部分省市网球运动的群众认识度严重不够。其具体原因如下：

1. 部分省市网球协会推广积极性不足

省市网球协会性质是中央指派的地方"官办"体育协会组织，主要培养的是在国内体育赛场争金夺银的专业、半专业运动员，虽然有着社会层面的构成要素，

---

[1]林哲.河南省小学校园网球特色学校网球活动开展现状及对策研究[D].河南大学，2020.

但对网球运动项目社会群体的直接支持微乎其微。地方省市网球协会不能保证社会群众参与网球运动的普遍利益追求，即承办业余赛事、活动太少，社会群体缺乏主动参与的积极性。省市网球协会对赛事、活动的宣传与推广信息，仅仅在长期从事网球项目的教练员、运动员，以及相关的亲人家属的小范围传播，其他群体未能及时了解网球赛事信息，这导致网球运动缺乏多元主体参与，打击了部分省市网球协会普及和推广网球项目的积极性。

2. 部分省市网球协会缺乏多元社会支持

无论比赛系列、等级大小，全国大部分的业余网球比赛的举办经费主要有以下几大来源，政府拨款、商业赞助及运动员的报名费[1]。我国青少年网球赛事的资金大都是由政府资助的，大部分赛事并不能达到赢利的状态，赛事未能得到长久的发展经费保障，省市地方网球协会是"非营利机构"的运行机制，再加上政府资金与社会组织结合程度不高，企业、商家看重其商业价值和知名度等利益需求，资助网球赛事、活动并不能满足对商业利益的追求，这导致部分省市网球协会普及与推广缺乏多元社会力量的支持。

3. 部分省市网球协会媒体推广渠道单一

李娜法网夺冠，中央电视台新闻联播用了两分钟进行报道，使全国千家万户的观众知道了网球运动。由此可见，媒体的宣传对于网球运动的发展起着至关重要的作用[2]。地方省市媒体对网球赛事以及相关活动的转播报道较少，只有一些重大赛事官媒才会被转播报道，公众缺乏欣赏、了解网球运动赛事的渠道。当今正在快速发展的新兴短视频媒体是公众喜闻乐见的媒体渠道，部分省市网球协会并没有充分合理利用新媒体对网球运动进行普及与推广；地方网协很少通过具有网球较大影响力的明星、运动员协同参与地方普及与推广活动，发挥明星、造星计划的影响力，促进社会群体的网球运动参与度，加深地方网球文化底蕴。

---

[1]侯闻迪.中国业余网球俱乐部联赛发展研究[D].南昌：南昌大学，2020.

[2]王燕燕.后奥运时代中国群众网球运动发展研究[D].北京：北京体育大学，2012.

第三节　赛事活动问题与分析

一、体教系统网球赛事目标定位异化

从赛事目标定位可见，虽然体育部门和教育部门举办赛事都是面向青少年，但在赛事目标上存在一定的异化，重点体现在：体育部门旨在通过举办比赛，发现、培养有潜力的青少年运动员，使运动员通过在比赛中获得优异成绩而被上一级训练单位选入，完成参赛单位承担的竞技体育人才输送任务；而教育部门更多关注推动学校体育工作全面发展，推动校园文化建设，通过参赛扩大学校影响，通过比赛让学生运动员达到国家规定的等级运动员标准，享受中、高考加分政策或大学奖学金政策[1]。体育系统和教育系统赛事目标的不同，主要原因如下：

1. 体育系统和教育系统本身存在系统壁垒

我国青少年赛事的组织与安排本身就建立了教育和体育两个系统，且两个系统都拥有赛事的举办权利，其组织管理体系也各不相同。虽经过多年的"体教结合""教体结合"，但是两个系统之间仍未形成完备的两者结合的小学、初中、高中、大学相衔接的青少年赛事体系和与之相联系的训练体系及运动员等级审批、认证制度，依然存在两大部门各自为政，政策的制定互相独立，有时甚至会互相冲突的情况。

2. 长期以来，教育部门和体育部门在首要利益方面存在明显的差异，工作目标的聚合程度不高

从部门利益协同的角度来看，体教融合在基层落实依然可能存在一定的利益分歧。过去，体育部门在实施体教结合过程中，工作重心集中在培养竞技后备人才，解决运动员的文化教育和退役运动员就业等问题上；而教育部门的工作重心主要

---

[1] 钟秉枢.体教融合背景下青少年体育赛事体系完善的路径研究[J].体育学研究，2020，34（5）：13-20.

是增强学生体质，促进青少年身心健康发展等方面。由于目标任务的不同，两者在推进体教融合工作时的出发点和落脚点都存在着较大差异，故没有真正形成合力[1]。

3. 教育系统和体育系统对网球体教融合政策解读、宣传不到位

体教融合政策的宣传与解读对象一般都是部门领导、学校领导和教师等人群，由于宣传步骤经历了从上到下的几个阶段，宣传期间容易出现宣传内容遗漏或不到位等情况。如在部门或学校解读与宣传政策时，一旦涉及自身利益，政策宣传的任务就容易被搁置甚至鄙弃；且由于个别教师的自我学习能力较低，缺乏主动理解政策意识，在政策解读上出现懒惰行为，以及不重视政策的宣传等行为。

二、普及性网球赛事活动的开展不足

"普及性"赛事活动是指针对广大青少年学生所开展的区域性赛事、校级联赛、校内赛事以及"友谊赛"等参与度高、普及度广的系列赛事活动。目前，我国体育系统与教育系统"协作办赛"行为多停留于全国性赛事以及省、市青少年校园网球联赛等大型赛事活动中，对于青少年网球区域性联赛、校级比赛以及其他友谊性比赛等普及性赛事活动，体育部门与教育部门尚未达成合作协议，两部门对此类系列赛事活动表现出"关注度低""鲜少问津"的现象[2]，可见在"体教融合"背景下的网球赛事在体育系统和教育系统层面存在"迟滞"现象。造成以上问题的原因如下：

1. 场地因素是制约比赛的硬性条件

举行网球比赛首要的条件就是场地，由于网球场地占地多、建造要求高、建设资金投入大，以及网球赛事比赛时间长的特点，网球场地质量是否满足比赛要求和数量是否充裕将是能否举办网球赛事最关键的因素。然而，"普及性"网球赛事多是区级、校级和友谊赛等较低成本比赛，赛事开展所需的场地条件很难在

---

[1] 杨国庆. 中国体教融合推进的现实困境与应对策略[J]. 成都体育学院学报，2021，47(1)：1-6

[2] 杨丽娜. 西安市青少年校园足球"体教融合"实践状况及对策研究[D]. 西安：陕西师范大学，2019.

某一区域或者学校中找寻,然而在我国大部分中小学都存在严重缺乏网球场地以及训练器材等情况,且一旦涉及更大的场地需求,办赛成本将大大增加,赛事举办压力陡增。因此,制约"普及性"青少年网球赛事的首要因素仍是场地因素。

2. 经费支持是制约赛事成功开展的主要因素

除了赛事举办必要的场地因素外,经费也是制约赛事成功举办的一大要素。充足的经费为赛事的策划、组织和奖励等方面提供便利。但就现状而言,我国校级或区级等"普及性"赛事的经费来源单一且有限,经费多由赛事举办学校筹集,且并未制定吸引赞助条件以获取社会赞助。而对于赛事举办本身,经费的使用涉及赛事的各个方面,如"普及性"青少年网球赛事在经费使用体现在场地的租用、器材的损耗、裁判等工作人员的聘用等方面。因此,赛事经费的欠缺阻碍了"普及性"青少年网球赛事的发展。

3. 家长支持是制约比赛的关键因素

除了场地、经费等因素外,学生家长对比赛的支持也起着相当作用,家长的文化、观念和对体育的态度很大程度上影响着孩子对网球运动的参与。如在小学阶段,"普及性"网球赛事在校园开展如火如荼,但一旦到了中学阶段,"普及性"网球赛事数量陡减。这主要是由于升学压力的影响,家长对升学功利性的认识,阻碍学生参与网球赛事的意愿。小学课余时间多,家长愿意带领孩子参加体育运动培养兴趣,但是到了中学,升学压力的陡增,使得文化课学习时间增加,课余时间被压缩,参与青少年网球赛事的时间减少。家长对学生升学的重视也阻碍了学生对"普及性"网球赛事的参与。

三、教育系统网球参赛经费严重短缺

参赛经费短缺主要指的是网球传统项目学校等教育系统机构参加赛事缺乏经费支持。通过访谈得知,管理人员和教练员普遍认为网球项目不能得到像足球一样的经费支持,在参赛期间缺乏经费严重抑制了学校的参赛热情。造成以上问题的原因如下:

1. 体育赛事经费存在垄断性导致经费难以与教育系统共享

经访谈，我国对体育系统发放的赛事相关经费难以与教育部门共享，没有产生应有的效益。我国的赛事多由体育系统举办且为了大力发展竞技体育，国家为体育系统拨有专门的赛事经费，由于体育系统举办的大型赛事投资大、耗费经费多，甚至有专门性的赛事项目经费，经费的使用也有明确的目标和要求，且体育系统和教育系统本身就是两个系统，存在明确的系统壁垒，体育系统本就没义务给教育系统赛事经费支持。因此，教育系统举办的赛事很难从体育系统中获取部分经费作为支撑。

2. 网球训练和竞赛本身资金需求较大

网球项目一度被誉为"贵族运动"，其高消费的特点不仅体现在场地、训练方面，而且体现在网球赛事的举办与参与等方面。就网球传统项目学校而言，参与省市或区级青少年网球赛事，赛前筹备、赛中消耗与赛后奖励等都需一定的资金。如赛前所需的专业网球教师、场地、球拍、高昂的报名费用等人力、物力、财力资源；赛中比赛所需的带队教练、酒店、餐饮等人力、物力资源；赛后所需的路费、餐饮、奖励等资源。因此，就网球传统项目学校而言，网球赛事的经费需求也高于一般大众项目，其高消费的特点也加重传统项目学校对赛事专门经费的需求。

3. 学校对网球赛事经费支持度不足

一方面，学校即使有经费，那么学校也会选择性地将经费投资到修建校园、改善场馆和增强文化科目教学上，而不会将经费使用在网球运动赛事上。另一方面，就网球传统项目学校而言，虽然挂牌传统项目学校，但是学校在项目的支持程度上仍弱于篮球、排球和足球等参与人数多、场地利用率高的运动项目。对于网球这种高消费、场地利用率低、参与人数有限的项目学校处于旁观状态，学生参与网球赛事的经费来源普遍还处于家庭"自掏腰包"状态。

四、学生网球赛事组织结构较不均衡

现今，国内的青少年网球赛事处于结构扁平化和地区分布不均衡的状态。如在年龄分布上，各省市、协会或俱乐部在大力举办小学年级的赛事，然而随着学生到了初中年级，参赛人员骤减，赛事举办次数随之减少，高中赛事更甚；在地区分布上，网球运动的发展多集中于经济水平较高的地区，如广东、北京、上海、浙江、江苏等，而东北、西北等地区开展赛事较少[1]。造成以上问题的原因有：

1. 升学压力是导致中学赛事减少的最直接因素

一方面，就我国教育现状来看，仍然以文化成绩升学为主，而且一旦到了升学期，家长重视孩子文化成绩，注重升学考试，各方面的兴趣培养和体育训练都得给文化课让路，从而造成了孩子参赛次数降低甚至停止网球训练。另一方面，学校注重升学率和学校声誉、教师注重班级升学率以及评优等奖励，这阻碍了中学生继续参与训练和赛事。随着升学的压力来临，初高中学生的参赛意愿被压制，赛事数量也随之减少。

2. 我国缺乏网球项目的体育中考和高考政策

学生能否继续参训或参赛得结合家长意愿，对于大部分家长来说，孩子学习的目的是升学和成才，学习网球的目的是培养兴趣和强身健体，一旦训练或参赛与中高考、升学有矛盾，体育锻炼就会成为次要事项，为文化学习让路。到目前为止，我国缺乏网球相关的中、高考政策，存在中学继续学习网球"耽误学习"的情况，并没有相关政策保障学习网球也能升学或考好大学，而家长要求孩子升学的要求通过网球训练难以达到，这导致中学继续学习网球的学生减少，参赛的学生也随之减少。

3. 地区经济发展水平高低是网球赛事开展好坏的主要因素

我国的经济发展仍然存在南高北低，大城市高、小城市低，省会城市高、地级城市低的情况。由于网球项目高消费的特点，其在经济水平较低的地区或省市受众较少，这些地区很少出现网球赛事，甚至缺乏正规的网球场地，即使开展了网球赛事，也容易出现参赛人数少、社会关注度不高和后期收益低的情况，这种情况导致赛事举办数量降低。而在经济发达的地区或一线城市，由于网球传统项目学校和网球培训基地在这些地方聚集，所以对网球赛事的需求也随之增加，赛

---

[1]侯亚琴. 我国青少年网球竞赛体系的发展及创新研究[D]. 北京：首都体育学院，2019.

事开展数量也随之增多。

4. 网球运动氛围对赛事的举办有着重要作用

我国青少年网球赛事在地区上开展不平衡，网球运动在地区开展的氛围也是关键因素。如广东、北京、上海、浙江、江苏等，经济发展较好，网球场地多，受众广，且具有承办大型专业类网球赛事的能力与经验，专业类网球赛事的举办对青少年学习网球提供了模范作用，因此，网球在这些地区开展氛围较好，参与人数多，从而赛事举办多。对于东北和西北地区，整体经济水平较南方地区低，网球场地少，举办专业类网球赛事较少，网球项目宣传不足，参与人数较少。

五、学生网球赛事奖励机制不够健全

奖励制度对调动运动员的积极性和创造性起着巨大的推动作用。目前，对于学生网球赛事奖励机制，我国仍较注重对体育系统内运动员的奖励，忽略了其他群体的奖励。如教育系统举办的比赛并没有体育系统所颁发的运动员等级证书等升学所需的奖励；教育系统缺乏对运动员等级证书的认证机制；教育系统并未建立对优秀带队教师的奖励机制等。此等不平等的情况，在一定程度上会挫伤网球俱乐部、网球特色学校培养模式运动员参与竞技网球的积极性。造成以上问题的原因主要有：

1. 体育系统和教育系统之间的存在部门壁垒

由于我国教育系统与体育系统之间存在部门壁垒，体育系统本身存在的众多资源和体育赛事奖励没有与其他系统共享共建。如体育系统的运动等级证书并未与教育系统比赛和社会系统的比赛共享，导致只有通过参加体育系统的比赛这一单一渠道才能获取运动等级证书，教育系统的比赛多由单一的奖学金奖励为主。且教育系统并未制定相对稳定完善的奖励机制，如优秀带队教师在体育系统获得的比赛名次奖励如何制定，在教育系统获得的比赛名次如何制定，也并未提出明确的标准。部门壁垒的存在一定程度上阻碍我国青少年网球赛事奖励机制的完善。

2. 赛事奖励缺乏社会力量的赞助

我国青少年网球赛事的奖励一般是物质奖励、精神奖励和等级证书奖励等，

且赛事奖励的主体多由体育部门、教育部门和协会等赛事主办方筹办,并未像四大满贯那样引进社会赞助。但目前我国青少年网球赛事,并未主动地引进社会力量的赞助,也未制定有效的赞助吸引政策,只是一味地从自身出发对赛事进行奖励,最终在赛事的策划、实施和奖励等方面留有一定不足之处。

六、学生网球赛事影响与宣传力不足

体育赛事的开展能否广为人知,在群众中产生较大的影响,与体育赛事的宣传、推广工作密不可分。然而,目前我国的青少年网球赛事,虽对其进行了多种形式的宣传与推广,但是仍存在"关起门来搞赛事"或"鲜为人知"等情况。赛事的推广力度和影响力不足严重阻碍了青少年网球赛事的开展。造成以上问题的原因有:

1. 体育部门和教育部门赛事宣传动力不足

当前体育部门举办的青少年网球赛事旨在通过举办比赛,发现、培养有潜力的青少年运动员,运动员在比赛中获得的优异成绩而被上一级训练单位选入,完成参赛单位承担的竞技体育人才输送任务。教育部门则旨在通过参赛扩大学校影响,通过学生运动员在比赛中达到国家规定的等级运动员标准,享受中、高考加分政策或大学奖学金政策。但是无论体育部门还是教育部门,在举办青少年网球赛事时,都未将赛事宣传作为其目标的一部分,仅仅将目标局限于一定范围内,依然存在"关起门来搞赛事"的情况。

2. 有限的经费限制了赛事的宣传行为

赛事的经费使用涉及赛事的各个方面,如赛事申报、策划、宣传、举办、管理等。对于青少年网球赛事而言,赛事策划、管理和举办层面决定了一个赛事举办的质量,而赛事宣传着重后期效益,收益并不能直接体现,且存在一定的风险,所以有限的经费一般都使用在赛事申报、策划、举办和管理等方面,赛事宣传被忽略了。

3. 赛事宣传途径单一限制了宣传效果

目前为止,我国青少年网球赛事的推广途径较单一,通常只通过微信公众号和网球体育官网进行赛事报道,且公众号的知晓程度低,宣传媒介少,消息散发与传播力度有限，甚至报道内容也多由竞技体育相关内容组成，涉及青少年网球赛事的少之又少。对于赛事线下宣传，其宣传范围有限，多在各中小学进行，宣传方式也多以贴海报的方式为主。无论是线上的赛事宣传还是线下的赛事宣传，其宣传途径的单一也使得许多青少年网球赛事出现"鲜为人知"的状况。

4. 青少年网球赛事受众人群较单一

就我国青少年网球赛事而言，其参与者主要是小学、初中、高中的学生，且不同地区的经济发展情况不同，参赛的学生也主要集中在经济发达地区或一线城市。且关注青少年网球赛事的人群也主要集中在运动员家属、教练员或者网球运动爱好者等少部分人群。此外，青少年网球赛事受众少，也在侧面说明我国青少年网球赛事缺乏群众影响力。

七、学生网球赛事级别的结构不合理

国内举办的本土青少年网球赛事类型按照年龄分组有 U12、U14、U16、U18 四个组别。随着部分经济发达地区幼儿园网球的普及与发展，学生达到能够参赛的网球技术水平的年龄越来越小，然而，却缺乏与训练息息相关的赛事支持，低年龄段的学生多参加省市、协会或俱乐部等举办的业余赛事，虽然，近些年在郑洁杯、星光杯等青少年网球赛事中出现 U8 和 U10 等级赛事，但是在开展数量上仍然不足。造成以上问题的原因如下：

1. 低年龄 U 系列赛事开展时间较晚

对于 U 系列赛事，我国虽在早些年就定下 U12、U14、U16、U18 四个组别的青少年网球赛事，但是对于低年龄段的青少年 U 系列赛事，却是在近几年出现并发展的，如郑洁杯（2017、2019）、星光杯（2019）、上海市睿康杯（2018）等，其中就设置了 U8、U9 和 U10 组。之后的青少年网球赛事中也多出现了 U8、U9 和 U10 组别，但就出现频率来看，仍较 U12、U14、U16 组别少。由于低年龄段 U 系列赛事起步较晚，群众接受度较低，当前低年龄 U 系列青少年网球赛事仍开展不足。

2. 低年龄段赛事易引起安全风险

U 系列青少年网球赛事在低年龄段并未普及开来,有赛事风险原因。一方面,由于低年龄段网球赛事本身具有耗时长、体能消耗高的特点,且低年龄段的学生在身体生理机能、骨骼和呼吸系统等方面未完全发育,长时间进行剧烈运动,易造成运动损伤和功能性损伤等。一旦出现损伤,家长和组委会的矛盾激增就会对 U 系列赛事的声誉和举办产生不良影响。另一方面,由于低年龄段的青少年都是由教练员带队参赛,有些赛事甚至飞往外地,且年龄较小的运动员在心智上发育不足,容易出现念家或贪玩等情况,教练员在管理上负担很大。运动员年龄小、自我管理能力不足也是教练员不想带低年龄运动员参赛的原因之一,这导致了低年龄段青少年网球赛事开展不足。

3. 低年龄段的青少年赛事缺乏参赛积分

我国的青少年网球赛事主要分为 U12、U14、U16 和 U18 四个组别,且每个组别在相关赛事上都设置有一定的积分。如耐克杯 12 站分站赛(CTJ-A1000)、18 站分站赛(CTJ-A1200)、总决赛 (CTJ-A1500)、年终冠军赛(CTJ-A1500、B800、C400);郑洁杯 8 站分站赛(CTJ-A900)、总决赛(CTJ-A1000)等。然而就目前来看,我国的低年龄段青少年网球赛事仍缺乏积分设立,如 U8、U9 和 U10 三个组别的赛事。赛事积分的缺乏,严重打击了以获取积分为目的的参赛选手的参赛意愿,且家长或教练在选赛时,也易产生随意性,形成"既然没有积分,就并非一定要参加 U 系列赛事"的意识。因此,我国低年龄段青少年网球赛事缺乏积分制度也是导致赛事开展不足的原因。

八、社会力量赞助网球赛事力度不够

就目前我国举办的青少年网球赛事而言,举办主体仍是以体育系统和教育系统为主,合作方也以社会系统为主,但由于网球赛事开展所需场地条件、资金条件、管理条件等较高,所以在赞助上需求较大。但就现实情况而言,青少年网球赛事所获取的赛事赞助微乎其微,甚至有的青少年网球赛事没有社会赞助参与。造成以上问题的原因如下:

1. 青少年网球赛事未能有效满足社会力量的赛后回报

就社会赞助方而言，其给予赞助的条件在于通过赞助人力、财力或者物力，顺利完成比赛，从而获取一定的名誉、政策等赛后效益。而我国的青少年网球赛事的宣传度低、参与人数与受众人群少、影响力较低，从而导致赛事的社会关注度低，而社会力量所求的名誉提升或者政策优待等条件并不能通过赞助青少年网球赛事而获取，前期的赞助投资很难在后期获得相应的效益。因此，我国青少年网球赛事缺乏广大社会力量的赞助。

2. 我国青少年网球赛事举办主体并未建立相应的赞助引导机制

除了社会力量未对我国青少年网球赛事进行主动赞助以外，我国也并未设立有效的赞助引导机制。由于社会力量对青少年网球赛事进行赞助时，最终也希望获取一定的利益，一旦所获利益与预期不匹配，社会力量就会选择不赞助或者撤销赞助。但就目前而言，我国的体育系统和教育系统等赛事举办主体并未设立吸引社会赞助的条件，而一向由利益驱动的社会力量也就不会对青少年网球赛事进行赞助和支持。赞助引导机制的缺失是我国青少年赛事开展缺乏社会赞助的又一主要因素。

3. 我国青少年网球社会力量本身能力不足

众所周知，国际网球四大满贯专业类赛事的赞助阵容庞大，赞助商多由国际知名品牌组成，其赞助源的行业也是五花八门。但就我国青少年网球赛事而言，其赞助主体多由与赛事相关的体育产业组成，如网球俱乐部、网球器材公司、网球培训学校等社会力量，且我国的体育产业，尤其是网球体育产业仍然处于发展期，行业类型少、规模小、赞助力量有限。社会力量缺乏额外能力支持我国青少年网球赛事的开展，也是我国青少年赛事开展缺乏社会赞助的又一主要因素。

第四节　资源保障问题与分析

一、中小学校严重缺乏网球专业教师

总体来看，我国网球教师和教练员人数较少，无法满足学校的需要，大部分学校缺乏网球专项教师，学校体育教师缺乏网球专业素养，专业队出身的网球教练员更为欠缺。以成都市武顺街小学为例，该校共31个班，1451名学生，而网球教练只有一位，每周20节课，比赛集训以及社团、日常训练远远超出最高工作量。造成以上问题的原因如下：

1. 中小学体育教师招聘要求与教学能力要求与当前体教融合网球教师数量缺乏现状的差异

教育部门统一组织的教师招聘考试已经成为教师选聘的主要来源和形式。这种比较规范的选聘方式为我国基础教育选拔了大量的优秀教师，为建立一支高素质师资队伍发挥了重要的作用。然而，中小学体育教师的招聘选拔，还没有完全根据其岗位特征、工作特点、运动项目内容以及空缺岗位的具体需求进行区分性选拔，仍然存在与其他学科教师以统一选聘标准进行选拔的现象[1]。在此种现象下，当前中小学体育教学以满足学生体育锻炼需求为主要目标，中小学体育教师承担着广而杂的各类运动项目教学任务。因此，学校对体育教师的招聘及教学要求在广在全而不在精，并未专门招收网球专项的体育教师。

2. 中小学体育教师个人专业成长路径与当前体教融合网球教师专业能力素质缺乏现状的差异

中小学体育教师多为高等院校体育专业或是体育院校毕业的学生，这部分体育教师是当前各中小学体育教育的主力军。但这部分体育教师大多并非网球专业，

---

[1]李良桃，杨剑，季浏.基于胜任特征的中小学体育教师招聘五因素模型[J].武汉体育学院学报，2014，48（04）：72-77.

部分网球专业体育教师的技术水平与专业队运动员有较大差距，而技术水平高的专业运动员退役后想要进中小学校进行网球项目教学，教学能力资格评定是制约因素，同时也影响着学校体育教学师资的扩增。相比目前发展较好的校园足球来说，学校对于足球师资的培养路径是不会完全遵循一般体育教师标准的，而是要根据自身的特点制定一套适合校园足球师资职业特点的培养培训体系进行专业培养[1]，并且培养的师资带领学生进行项目竞赛组织，专注于足球项目在学校的良好发展与推广。

3. 物质层面的激励不足以吸引专业队退役的网球运动员入校执教

体教融合能为校园网球的发展提供一些思路：一方面，可以解决我国运动员个人成长路径中亟待解决的一环，即退役运动员再就业问题；另一方面可以解决中小学校网球专项体育师资空缺的问题。因而招聘专业退役网球运动员入校任教是解决校园网球专业师资稀缺的有效方法。但当前中小学网球教师岗位的薪资待遇低、福利较差、职称评定困难等问题是专业队运动员难以成为中小学网球教练员的主要原因；并且，退役运动员难以获取教师资格证的情况与入校当老师必须有教师资格证的现状相冲突；同时退役运动员常年进行着网球技术训练、参加国内外各项比赛，对于体育理论教学内容未涉猎，本身也不具备基本的体育教师素养。因此，即使无资格证的退役运动员有成为网球专项体育教师的意愿，鉴于物质层面的激励、公费进修的机会，就远不如成为俱乐部教练员的意愿强烈。

二、中学阶段参加网球训练时间紧缺

当前，我国学生网球训练时间在中学阶段有极大萎缩，学校训练的时间基本安排在放学后半小时。在校训练时长为 45 分钟至 1 小时，训练时间本就过短[2]，当遇上学生学业紧张阶段，例如期中、期末考试时期，每周训练的次数和时长还会减少甚至暂停网球训练。造成网球训练时间紧缺的主要原因如下：

---

[1] 问绍飞. 国家足球战略下江苏省高校校园足球师资培养教学现状研究 [J]. 体育科技，2019，40（04）：131-132.
[2] 贾镘琛. 上海市青少年网球后备人才多元化培养现状及影响因素研究 [D]. 上海：上海体育学院，2020.

1. 相较于小学阶段，中学阶段课业更加繁重、文化课学习时间更长，迫使大部分学生放弃网球训练的时间投身文化学习

在初中升高中阶段，文化科目的增加使得一周的训练时长少于14~16小时，甚至一周可能达不到10小时，如遇天气原因训练时间则会更短，训练时间短导致训练量急剧减少。在九年义务教育制度的培养环境下，老师的绩效与学生文化学习挂钩的情况下，由于网球项目的训练周期、参赛周期较长，学校与教师自然不允许学生长时期的请假。而校内的文化课程和课外的辅导补习班也占据着学生大量的时间，想要其进行长时间网球训练也是不可行的。同时网球项目的开展、网球场地资源的开发与设备设施的使用情况都与学生的安全息息相关，而学校承担学生的安全责任较大，学校为了降低风险也倾向于减少学生的网球训练时间。

2. 中学阶段升学压力影响学生网球训练时间

当前我国学生升学竞争十分激烈，为了获得更好的学习机会，中学阶段的学生面临着巨大的升学压力，大多数学生刚升初一就被迫放弃小学阶段一直从事的运动项目训练，一切为文化学习让步。而现在的学校都紧抓生源和升学率，因为有这个硬性的指标，所以体育很难融进去，就更别说专项网球训练了。为保证初升高这一阶段的升学率学校通常会减少学生网球训练的时间，要求文化方面的强化学习。同时学训矛盾致使学生训练氛围不浓厚、训练时间难以协调平衡，影响其学习状态和训练质量，致使其难以获得优良的学习成绩与优异的运动成绩，且学生无法通过体育运动项目优势或网球运动等级评定进行升学。此时注重子女的文化学习的大多数家庭会在这一阶段彻底放弃网球专业训练，专注文化学习。

三、中学严重缺乏标准网球场地设施

网球运动历来有"贵族运动"的称谓，其主要原因是项目开展所需条件要求高和消费高等特点，而其中最重要的便是场地因素。然而，我国中学网球开展却存在严重缺乏标准网球场地的问题。

1. 中学阶段学生网球训练专业性对标准网球场地的需要

小学阶段的网球教学与训练可以通过运用部分网球场地、利用篮球等其他项目的场地以及简单的器材进行启蒙训练或者短式网球的学习。但中学阶段，学生的网球运动技能、运动水平与专业训练质量等方面想要得到全面的提升，齐全的专业设备、专业的教学师资、标准的网球场地是至关重要的。对学校而言，足够数量的标准网球场地才是难以解决的问题。不同于小学阶段网球的训练，标准网球场地的应用增加了实施训练的难度。而学生必须加强多方面身体素质的锻炼，使学生能尽早适应专业性比赛的强度。因此，体现标准性的网球场地是适应中学阶段学生网球训练需要的关键。

2. 学校缺乏足够数量的标准网球场地

受传统体育观念的影响，大多数中学初建时运动场地的规划面积不大，一般将足球场与田径场相结合进行修建，周围由篮球场、乒乓球台等其余运动项目的设施所占用。传统观念中网球项目这一"贵族运动"并未纳入中考，因而平时体育运动项目的发展侧重点不会是网球，场地自然也不能针对网球运动项目进行专门的规划，修建标准的网球场地是受到教体部门政策制订实施、学校体育项目发展规划等方面限制的。同时，在学校运动场的修建并没有具体的场地设施门类要求情况下，大多数学校会优先安排经费修建诸如田径和篮球等实用性更高、收益更高的场地，用以平常的体育活动以及体育课程教学或其他创造收益的活动。且自带网球标准场地的学校本身就少，网球特色学校的申报也并没有这方面的具体要求，导致大部分网球特色学校都没有足够数量的标准网球场地。

四、中小学校校园网球专项经费不足

专项经费是指由财政部门拨付给各级院校的、用于特定的项目建设或者具有特定用途的财政资金，具有专款专用、归口结算等的特点。当前中小学专项训练竞赛经费主要用于各类体育运动项目发展建设的投入与支出，各个项目分食体育专项经费这一"大锅饭"，难以均衡，我国学校网球项目的发展面临缺少专项经费支持的难题。其原因如下：

1. 各部门对于校园网球重视程度不够，未给予专项经费支持

自校园足球大力开展以来，深受各部门重视，无论是在经费支持还是资源倾斜上校园足球都具备得天独厚的优势。校园足球专项经费主要依靠政府拨款和学校自筹等方式，专项经费大多在 0~20 万元，部分学校达到 21~40 万元，少数学校在 40 万元以上。而预算表明学校在校园足球每年利用资金大概在 10~20 万元之间，少数学校超过 30 万，学校预算基本在合理范围内[1]。校园网球缺乏专项经费最主要的原因就是并未引起国家层面的高度重视，如果缺乏政策的引领与支持，校园网球的发展将会阻碍重重。

2. 学校经费缺乏合理的分配机制

一方面，学校教育经费在学科与部门之间的分配结构不合理。受投资观念偏颇、世俗化观念的影响，部分学校偏重智育教育、忽视体育教育，两者经费投入的差距太大。社会与个人对学校体育投入的积极性也不高，体育经费得不到切实保障与加强和发展学校体育工作的原则背道而驰[2]。另一方面，当前我国中小学专项经费实行专款专用管理机制，任何部门不得截留、挤占、挪用。因此，在部分学校其他体育专项经费充足的情况下，如上述提到的大部分校园足球特色学校足球发展预算基本在合理范围内，部分学校每年可利用的资金远超预算，但受专款专用机制限制，无法将这部分多余的体育经费投入校园网球的训练与竞赛中。

五、学校引入社会网球资源力度不够

校企合作模式指在政府和社会的支持下，学校与企业充分对接、深度合作，共同培养产业人才的人才培养模式，在资源利用最大化的同时一定程度上能够解决网球教师、教练员紧缺的问题。学校网球的合作单位通常有高校、企业、俱乐部、社区等，其中与俱乐部的合作最多，合作单位提供的帮助主要包括场地、师资、经费、物质等方面，其中较多提供师资与场地方面的帮助，对于物质与经费的帮助较少。但是，当前我国学校网球开展还缺乏社会力量的资源支持，其原因如下：

1. 学校缺乏对校企合作模式的重视及探索

以绵阳市南山中学与成都武顺街小学为例，校企合作方式主要是招聘兼职网

---

[1] 刘铭扬. 体教融合视域下校园足球发展现状及趋势研究 [D]. 扬州：扬州大学，2021.

[2] 吴健. 学校体育发展经费保障机制研究 [J]. 河南教育学院学报（自然科学版），2011，20（02）：71-74.

球教练,同社会俱乐部的合作较少,部分俱乐部以推销课程为主且只上一次体验课。因此,目前中小学校园网球校企合作模式开展呈现出大部分网球特色学校并不了解校企合作模式,缺乏对社会网球资源的利用,部分开展校企合作的学校合作方式单一且不够深入。当前,中小学对于社会网球资源的利用依旧以人力资源为主、实际上对于对场地设施要求极高的网球项目而言,通过合作充分利用社会网球场地资源是解决当前中小学网球场地资源匮乏的有效手段。

2. 校企合作模式缺乏政策支持

当前,我国并未出台推动校企合作模式的引领性政策方针,缺乏对于社会网球资源利用最大化的有效宣传。针对第三方企业尤其是社会俱乐部等未提供积极推动校企合作的具体方案,不能吸引俱乐部等以赢利为首要目的的第三方企业主动寻求与中小学合作。以校企合作模式发展较好的德国为例,当地俱乐部在与学校合作方面展现了极高的主动性。如汉堡 HT16 俱乐部每周派教练员到会员所在中小学开展 2 次训练活动,推广俱乐部教学项目,培养学生兴趣,吸引更多学生参与俱乐部活动,俱乐部把该项目称之为"狐狸计划"。同样,黑森州体育俱乐部也采取同样的推广模式,而且延伸到了幼儿园[1]。

3. 学校缺乏对社会网球资源的有力监管

在保证合理利用社会网球资源的同时,对社会网球资源如专兼职教练员、合作俱乐部的监管是保障学生健康安全、网球教学训练质量的重要环节。当前,我国各中小学并没有对社会网球资源进行有力的监管。一方面,学校与社会力量缺少合作,大部分中小学并没有利用社会网球资源,更不谈对于第三方合作企业的监管;另一方面,进行校企合作的学校,也没有正式的监管考核体系来约束兼专职教练员的行为,以提升其教学质量。

六、校园网球缺乏统一教学课程标准

我国中小学体育教师主要由体育院校或高等院校体育专业毕业的人才构成。

---

[1] 刘远花,吴西林.德国青少年体育发展及竞技后备人才培养经验与启示[J].北京:首都体育学院,2014(04):338-342.

不同高等院校的教学标准和教学形式差异，造成当前校园体育教学内容偏差、教法混乱以及专业性欠缺等问题。这一系列问题的解决必须通过统一标准来实现：在教学层面参考制定全国青少年校园网球教学指南，在训练竞赛层面制定青少年训练大纲。但是，目前网球项目在中小学校的发展除无雄厚的专项经费支持、无完善的设备设施外，教学和训练层面的标准也未能统一。其原因如下：

1. 网球项目普及度不高，大部分学校不开设网球课

与众所周知的三大球以及更易开展的田径项目相比，网球项目的普及程度还有待提升。首先，由于项目本身的特点，网球运动的开展对于场地、器械的要求高，且项目参与人数少、场地利用率极低。同时，网球场地造价较高，价格在几十万到数百万不等，因此通常网球场地使用费高，平均200~300元/小时不等。此外，相对于同样是小球的乒乓球、羽毛球而言，网球培训的费用最高。场地要求高、造价高、使用费高、利用率低以及培训费高等问题限制了网球项目的推广与普及，大多数中小学没有条件开设网球课，因此，在推广与普及都较为困难情况下，在大多数中小学都不具备网球课程的开设条件下，教学与训练竞赛标准的制定更无法实现。

2. 各部门对于校园网球的重视程度不够

一方面，当前我国青少年网球教学与训练教材存在空白，使得网球教学教法混乱、专业性欠缺等问题迟迟无法解决；另一方面，国家层面对校园网球的重视程度不够让校园网球的发展缺乏政策性的引领、经费上的支持，缺少具体的实施方法，从而致使由上至下各相关部门、学校乃至协会无法真正重视并大力开展校园网球，即便想大力开展校园网球的学校也会因为相关实施办法的空白而举步维艰。以发展较好的校园足球为例，正是因为我国已经将校园足球的发展上升到国家战略地位，进而大力推动相关政策、细则、具体实施方案的出台，为校园足球的发展铺平了道路。因此，只有提升校园网球的重视程度，上升到国家战略地位，才能让校园网球的开展更加顺畅。

第十三章　网球项目体教融合个案分析

第一节　案例一

2017年教育部办公厅印发《关于开展全国青少年校园网球试点工作的通知》；2020年4月，中央深改委审议通过了《关于深化体教融合　促进青少年健康发展的意见》。这促进了我国青少年的健康发展，推动了校园网球的进步，并且为体育强国目标的实现奠定坚实的基础。广州市黄埔区凤凰湖小学积极响应国家政策号召，以校园网球建设为契机，更加规范和完善了校园网球教学、训练、竞赛体制和保障体系，极大地促进了学校网球运动的发展，将网球作为媒介帮助学生养成良好的运动习惯，提升学生网球运动的基本技能和健康水平，加强学生的规则意识以及合作精神。通过访谈了解到，凤凰湖小学领导对网球运动非常重视，学校成立了专门的网球教研组，制定了科学的训练计划，保证了学生的训练时间和训练安排，从而实现了"体教融合"在网球运动中的落实。2020年7月，学校被教育部认定为2019年全国青少年校园网球特色学校。

一、较浓厚的网球氛围

《关于开展全国青少年校园网球试点工作的通知》确定了广东、上海等6个省市作为全国青少年校园网球试点地区。广州市作为广东省的省会城市、国务院定位的国际大都市，正在建设国际名城，拥有浓厚的网球氛围。同时，广州市作为网球登陆中国最早的城市之一，网球运动发展迅猛，每年的ATP国际男子网球挑战赛和9月份的WTA国际女子网球公开赛吸引了许多的网球爱好者前来。根据访谈得知，广州市各地区网球场地众多，近1 000片，协会、俱乐部共50多个，每年举办大众赛事100多项，为人民群众参加比赛提供了巨大的便利。此外，广州市有天河体育中心网球学校、广州开发区国际网球学校、二沙体育训练中心等专业网球培训机构，并且凤凰湖小学在建校第一年就与广州开发区国际网球学校牵手合作，为有志走职业道路的优秀青少年网球选手提供发展平台[1]。总之，广州市雄厚又稳定发展的经济实力为广州市网球运动的发展奠定了基础，同时广州市浓厚的网球氛围也促进了凤凰湖小学网球特色的发展。

二、外教式的网球课程

网球运动是世界上非常受欢迎也是职业化水平最高的运动项目之一，并且国外网球运动的发展领先于国内。外教特色网球课程是凤凰湖小学着重打造的体育品牌项目之一。凤凰湖小学在建校的第一年，就牵手广州开发区国际网球学校，引进由外国教练执教的网球课程，外教课程深受学生的欢迎。为了满足广大学生及家长的需求，学校坚持将网球课程纳入课程建设中，利用外教的语言特点把体育课程与英语口语教学进行学科整合，并且在学习网球的初始阶段采用国际体育竞技裁决中的英语规范用语，增强学生外语交流技能，构建独特的校园网球文化。学生在网球运动中发展团结合作的意识，通过网球与国际接轨。虽然，凤凰湖小学获得了"全国青少年校园网球特色学校"的荣誉称号，但目前学校的网球课程仍处于探索实践的阶段，还有许多研究创新的空间。未来学校将利用云技术，推广网球线上课程，用国际视野打造网球课程，走特色办学之路。

三、梯度化的网球校队

目前该校体育教学有着基本的教学目标和任务，在此基础上，1~6年级每个年级的学生都有固定的网球课的课时。低年级如1~2年级主要是学习了解网球文化、网球礼仪等；高年级如3~6年级除了1~2年级所学网球的基础知识外，还有增加了网球训练。该校建立了网球校队，并且有梯度。3~4年级会有一批学生被选拔进校队；5~6年级的学生相对于3~4年级较为成熟，因此成立了第二批校队。

---

[1]朱康. 广州市义务教育阶段短式网球开展现状和发展策略研究[D]. 广州：广州体育学院，2017.

除校队以外，学校还开设了网球兴趣班，目的是寻求真正对网球感兴趣的青少年。网球兴趣班所使用的教材是国家统编教材，没有校编教材。

四、规范化的网球档案

青少年是祖国的未来，是民族的希望，是社会主义的接班人。青少年的体质、健康，对于家庭、学校、社会、国家都有非常重要的意义。广州市黄埔区凤凰湖小学针对网球校队学生基本情况，建立了学生基础性以及个性化的档案，旨在更加清晰地了解学生网球技术的发展。个性化档案的建立，使得教练、老师、学校能更便利地对学生的情况有一个基本的掌握，从而为学生制定更科学、全面的训练计划，为学校以及国家培养更优质的人才。"体教融合"重要的是体育与教育的深度融合，学校建立学生基础性以及个性化档案，极大促进了网球运动的在学校的发展，推动了网球运动的"体教融合"。

第二节 案例二

单项体育协会是促进运动项目发展的主体责任机构，肩负运动项目管理与发展的职责。2019 年国家发展和改革委员会发布的《关于全面推开行业协会商会与行政机关脱钩改革的实施意见》要求，单项协会分期分批与行政机关脱钩，体育领域正在积极进行单项体育协会脱钩的改革。可以预见脱钩后的单项协会的专业性、权威性作用将得到更加充分的发挥。这为学校和"协会"合作培养竞技体育人才奠定了良好的基础。各省市体育协会是推进体教融合工作的主要力量。据调查，成都市网球协会在推进网球体教融合发展的过程中形成了独具特色模式，在学校网球发展和群众网球推广等方面取得了较好的效果。本研究将其作为案例进行分析总结，为其他省市协会稳步推进体教融合发展和政策落实等提供借鉴与参考。

一、学校协会有效配合，形成稳定工作模式

成都市网球协会和学校之间充分贯彻前文所提及的有效融合模式，并得到了较好的反馈。这种校协型模式具有以下优势：

（1）网球协会可借助学校青少年人才聚集的优势选拔优秀的运动项目人才；学校也可以借助网球协会的专业人才资源和管理方面的经验，提高网球竞技人才的培养水平。

（2）网球协会在推动运动项目发展过程中帮助促进各级各类学校进一步丰富网球项目的训练内容。

在落实协会和学校有效融合中，成都市网球协会做到了"融得进、立得住"。成都市网球协会通过主动依托学校、服务学校培养竞技体育人才来实现服务社会的发展目标。在与学校融合发展中，网球协会以专业领域的影响力和号召力确保网球竞技人才的专业性和高水平；学校尽可能地发挥网球协会在训练、竞赛方面的主导作用，积极为网球协会提供多方面的保障，把网球竞技人才融入学校教育体系中。成都市网球协会和学校的有效融合，突破了协会和学校之间的围墙与阻隔，促进了运动员和学生之间的合理流动，学校以教育优势、人才优势和保障优势与协会的专业优势、训练优势和竞赛优势相融合，促进了竞技体育人才的全面发展。

二、训练条件不断完善，人才培养质量提升

成都市网球协会的训练条件已得到全面的改善，训练场地也会对社会青少年免费或低收费开放，目的就是希望更多的青少年加入网球训练中来，在一定程度上也是对网球较好的宣传。随着优秀退役运动员和体校教练员被协会招募进来，协会的师资力量得到壮大，有利于网球竞技人才质量的提高。学校里面对网球具有浓厚兴趣并具有一定竞技基础的学生也会加入协会之中，不断扩充网球协会的后备力量，拓宽了成都市网球协会后备人才的培养空间。成都市网球协会定期举办一些比赛和活动，这些比赛和活动会大幅度促进参与的学生的网球素质和运动技术技能提升，提高网球竞技人才的整体质量，为构建一体化人才培养体系贡献体育力量。特别是在场地建设层面，许多地方都是让运动员在硬地上面训练，长时间的训练会对运动员的膝关节和踝关节造成一定的伤害。成都市网球协会有一定数量的红土场地供运动员训练。运动员在红土场训练对于技战术和步伐的提升都有很大的帮助，因为在红土场地上面球速较慢，运动员很难用力量直接得分，

这时运动员就会不断思考，提升自己在技战术环节的运用能力。就是这种更接近比赛环境时的设置，使运动员在比赛时可以更加从容，将自己的技术发挥出来。

三、优化多方资源配置，实现资源充分融合

体教融合模式就是要着力破除部门之间资源匮乏与配置失衡等问题。成都市网球协会就是通过这种资源的融合来实现网球竞技人才的培养。这种融合主要是：

（1）拓宽了资源的渠道。现在政府是鼓励各类主体进入网球后备人才培养当中的，这在一定程度上使协会有更多的社会资源可以利用起来，在一定程度上扩大了成都市网球协会的资源来源、拓宽了资源供给主体。

（2）打通资源供给堵点。网球协会与学校、家庭和社会合作起来实现资源融合，打破了原有的那种利益主体之间的固化藩篱，形成促进网球竞技人才培养的强大资源推动力。

（3）挖掘整合资源优势。现代化的人才培养是日益复杂的，所以对于融合的程度也是要求更高的，这种融合主要是体育与教育资源的融合。学训矛盾是一直都存在的，随着时代的进步，这种矛盾也是日益突出。学训矛盾主要存在于即将要升学的学生，他们会面临职业转换的临界点，这时候协会的教练会和学校还有家长进行沟通，为这些学生制定他们自身所需要的训练计划和学习计划，做到"网球＋文化"的这种模式，在学校老师也会根据学生的情况对他们的课程做出调整，从而发挥协会和学校之间的聚集优势、整体优势和协同优势，使这种优势成为培养网球竞技人才的强大动力。

四、赛事体系较为全面，杠杆效应比较显著

根据调查可以知道，很多地方在网球赛事方面存在很多不合理的地方：没有一个完善的赛事体系，没有组织学生去进行一些高水平的竞技比赛，学生参赛次数较少不能将自己日常的训练成果较为合理和熟练地运用到比赛中。但是，成都市网球协会在这一方面做得较好。首先，提高比赛管理水平。从地方区域性的比赛开始，举办系统合理的赛事，在赛事的管理方面较为合理，场与场之间的时间把控较好，使运动员没有太多空余时间，运动员可以较为紧凑地进行比赛。其次，

增加比赛数量。成都网协每周都会举行一些比赛，但是无论比赛等级的高低，都是充分按照国际上顶级赛事的流程去安排的，在比赛中还注重网球的文化建设。这样的赛事设计可以对运动员有潜移默化的积极影响。运动员也会在比赛中学到很多东西，将自己平时训练的技术很好地运用到比赛中，不断积累比赛经验。再次，成都网协为运动员建立了一个积分系统，将运动员进行数据化管理，在比赛时相同积分段的运动员会在一起进行比赛，可以较为高效地让运动员得到锻炼。这种赛事体系通过长时间的运行，在一定程度上缓解后备人才的缺乏和项目的普及程度不高的问题。

五、定期举办师资培训，提升师资专业水平

成都市网球协会每年定期对教练员进行培训。这种培训从多个方面进行，如专业技能、网球专业知识、执教能力等。教练员通过这种培训对自身能力可以有一个提高和完善。这种培训也是有层次的，可以从初级到高级进行层层递进，渐渐形成一个较为完善的培训体系。教练员培训后，将自己学到的东西运用到教学中。协会定期对教练员进行考核，以这种考核的方式来检验教练员的培训成果。成都市网球协会每年要不定期地进行三次左右以公开课的形式召集新老教练员在一起进行答疑解惑和经验的交流或者请相关领域的专家在理论方面对教练员进行指导。此外，年末的时候协会也要教练员对培训和赛事做出总结以及对来年的工作计划进行陈述。这种管理很大程度上提升了教练员的综合能力，改善了教练员自身水平不高的问题。

六、加强网球普及力度，扩大后备人才数量

现在网球的普及力度实际上还是不够的，现在成都市网球协会虽然不断有运动员加入，但还是出现了断代的情况。因此，需要进一步加强网球的普及力度，让更多的青少年加入其中，扩充网球后备人才库。在网球的推广上面首先从家长层面进行推广，网球协会可以请相关领域的专家给家长做体能、膳食营养、网球相关知识等方面的普及，提高家长们对网球项目的认知，让家长对这项运动有一个基础的评价，看自己孩子是否适合进行网球运动。对于适合这项运动的孩子，

家长也会充分支持。从社会的层面进行推广：一是建立宣传推广平台，向社会宣传网球项目，展示网球项目的相关政策及其培养路径，让更多的人了解；二是在举办网球竞赛时，通过竞赛这种形式的展现，给青少年做一些网球项目的普及。通过从家长和社会的层面进行网球项目的普及，让更多的青少年加入这个体育项目中，扩充了后备人才库，在一定程度上解决了断代的现象。

七、提高家长参与程度，提升家长支持水平

提高家长的参与深度主要是针对专业运动员的家长，现在这批运动员的家长主要表现出的问题就是参与深度不够。因为运动员们年级都较小，心理和智力发育都还不够成熟，需要家长参与到其中，家长对运动员要进行一个正确的引导。成都市网球协会每三个月或者四个月必须与家长有一次深入的交流。这种交流主要是让家长了解自己孩子现在是处于一个什么样的阶段，让家长认识到孩子可以在除训练队以外的环境也可以感受到网球文化的氛围。从孩子的专注点来讲，他们就会更加专注地投入到训练之中，对他们竞技成绩的提高也有较大的促进作用。要对家长的价值观有一个正确的引导。对于运动员而言最好的发展就是循序渐进，但是有很多运动员就是当取得一定成绩后竞技成绩突然迅速下滑，原因就是家长们太过于"专注"。这种专注不是正向的专注，而是逆向的。当孩子取得一定成绩后家长就会过度地对孩子进行吹捧，让孩子沉迷在鲜花和掌声中。孩子的心理出现一定的变化，在训练中也会出现消极的态度。所以要对家长的价值观进行正向的引导，定期举办相关的讲座邀请家长参与，让家长知道孩子需要安静的成长、循序渐进的成长。

第三节 案例三

一、注重不同年级校园网球梯队建设

上海市实验学校自开展网球课程以来，就注重网球教学对全校不同年级学生的全面覆盖，让不同年龄段小学、初中和高中学生在"原生态"的教育环境下接

受较为系统的网球教学与训练。学校分别在初高中设置网球社团课、预备队课以及高中的网球拓展课，形成了层次分明、梯队有序的网球学生群体，从而稳步提高全校学生网球技能水平。此外，上海市实验学校还在学生群体中选拔出具有网球天赋的学生运动员，建立不同年级的学生网球代表队和学校网球代表队。网球队树立起学校形象，代表学校参与各级各类网球比赛。逐步实现了网球运动在小学、初中和高中三个学段的覆盖，初步完成了初具规模的校园网球人才梯队建设。

二、邀请校外网球教练员入校指导

在体教融合过程中，为达到学校体育改革的预定目标，拥有足够的高水平师资是必要的前提条件。上海市实验学校定期邀请专业网球教练员进入校园进行技术指导，是一举多得的措施。首先，确保本校"一校一品"的实现，即全国青少年校园网球特色学校的继续保持，为本校学生掌握1~2项专门的运动技能奠定基础。其次，弥补体育教师竞赛能力偏弱的问题，促使学校网球教师及时学习和参考专业教练员训练经验、理念和方法，有助于其训练能力与学生运动员竞技水平的提升。最后，有利于专业教练员精准掌握基层训练情况和后备人才的实际水平，为梯队建设做好相应准备。

三、确立以体育人的网球教育理念

基于青少年接受教育的基本规律及其学习行为习惯的养成目标，学校体育工作应作为促进青少年健康发展的主要阵地。上海市实验学校确立和坚持"以体育人"的教育理念，使学生在网球教学、课外体育活动、运动竞赛中达到健全人格、锤炼意志的育人目标，塑造学生尊重裁判、尊重对手、尊重规则的人格，以及"祖国至上、团结协作、顽强拼搏、永不言败"的体育精神。2013年，上海市实验学校成立了第一支高中网球代表队后，球队多次代表学校、区和市参加了各级各类的网球比赛，例如"全国青少年网球系列赛""郑洁杯""市运会""城开杯""马桥网球公开赛""好动网球U12""绿地集团杯""位育杯""万祥杯"，均取得了优异成绩。

四、支持学生参与社会网球文化活动

任何一个体育项目的推广、传承、发展和提高,都离不开其文化的传播。文化根植于人的内心深处,体现于人的言行举止。网球文化的培育是一个长期的、潜移默化的过程。每年 10 月上海大师赛如期而至,上海市实验学校的同学们自发组织前往旗忠网球中心接受网球文化的熏陶。这里有着先进的服饰装备、精美的宣传海报,还有着严格的观赛礼仪、公平公正的积分规则,以及球童服务。这一切高度体现了"以运动员为本"的理念。可以看到,网球文化不仅仅是场地场馆、展览展示、服饰装备、宣传海报这些视觉表现,也不仅仅是观赛礼仪、竞技规则、现场服务这些行为规范,更重要的是其中蕴含的竞技精神、发展理念和人本价值,这才是网球文化的核心[1]。上海市实验学校始终坚持网球运动开展和网球文化弘扬保持同步,"教球"与"育人"保持一致,竞技与文化共同进步,推动网球文化的繁荣发展,潜移默化地影响学生。

---

[1] 蒋宏伟,尹树来. 对中国职业网球未来发展走向的思考[J]. 成都体育学院学报,2019,45(2):83-86.

第十四章 网球项目体教融合发展路径

第一节 更新网球体教融合发展理念

体教融合的理念是时代发展的需要，新时代的体教融合需要一体化的设计与推进，突出体育部门与教育部门的全面融合，实现资源共享、共用，注重全面性、整体性、协同性、特色性和战略性[1]。体教融合理念的落实面临的问题主要体现在学校教育系统忽视体育的教育功能、教师对体教融合政策的认识不全面以及家长对升学考试的功利意识较重这三个方面。对此，应促进学校对体育教育功能的整体认识、提高教师对体教融合政策的全面性理解。

一、促进学校对体育教育功能的整体性认识

当前社会各界和学校教育系统对体育存在认识偏见，对体育仅有"局部"的认识，把体育当作"育体"的工具，缺乏对"育人"理念的认识，对于体育的教育功能整体性认识不够。基于以上问题，提出以下几条解决路径。

1. 树立体教协同育人的教育理念

树立协同育人的教育理念是促进学校对体育教育功能整体性认识的关键。体教协同育人的理念是要将体育纳入学校的学科教学体系、日常教育体系、管理服务体系和评估督导体系等具体工作内容中，以"立德"为纽带，以"树人"为方向，

---

[1] 李爱群，吕万刚，漆昌柱，等.理念·方法·路径：体教融合的理论阐释与实践探讨——"体教融合：理念·方法·路径"学术研讨会述评[J].武汉体育学院学报，2020，54（07）：5-12.

完成我国教育的根本任务[1]。因此，树立体教协同育人的教育理念，充分发挥体育的整体价值，让社会各界和学校减轻对体教融合政策片面化的认识以及对体育学科边缘化的认识，让其意识到体育不仅"育体"，更有"育人"价值，从而促进学校对于体育教育功能的整体性认识。

2. 实现多元参与主体的有效联动

政府、社会及学校等多元参与主体的有效联动是促进学校对体育教育功能的整体性认识的重要途径。政府作为体教融合的重要参与主体，在相关政策制定过程中，要充分考虑到地方部门实施的可能性。政府在微观运行方面，要体现地方实施经验对国家顶层设计的补充，确保在相关体育政策的制定和落实过程中，能够体现上下组织间良好的联动态势。社会和学校应积极配合政府制定的各项政策，加强社会力量与学校的合作。学校方理应支持社会力量进校园，促进社会和学校人力、物力资源的融合，将社会资源运用到学校的体育教育中，既有效地利用社会资源，又能解决体育教育过程中资源短缺的困境。在网球运动中，学校教育系统对网球项目的认知程度主要取决于政府的重视程度和社会各界的认知程度，应加强网球项目在"德智体美劳"方面价值的认知。因此，政府、社会、学校等主体应树立协同育人的价值理念，注重协同发展，实现有效联动，充分发挥体育的教育功能，减轻学校教育系统对体育边缘化的态度，促进学校对体育教育功能的整体性认识，进而促进家长对体育教育功能的整体认识，令学生在体育运动中享受乐趣、增强体质、健全人格、锤炼意志，培养学生成为全面发展的人。

二、提高教师对体教融合政策的全面性理解

体教融合政策宣传力度的薄弱、根深蒂固的狭隘观念以及教师学习主动性的缺乏等原因造成了教师缺乏对体教融合政策的全面认识。体教融合政策的内容以及衍生出的精神价值仍是当前研究热点，但教师对此认识浅薄。基于以上问题，提出以下几条解决路径。

---

[1]杨国庆，刘宇佳. 论新时代体教融合的内涵理念与实施路径[J]. 天津体育学院学报，2020，35（06）：621-625.

1. 更新宣传制度

宣传制度的更新主要体现在丰富宣传方式、拓宽宣传渠道以及落实宣传效果。目前体教融合政策出现了宣传方式单一、渠道较少、效果较差等问题，这些问题会导致教师对体教融合政策的全面性理解不够。宣传方式和渠道是促进宣传产生良好效果的重要条件，可以根据宣传范围、公开程度以及受众的文化水平对体教融合政策采取不同的宣传方式和渠道，宣传方式和渠道的多元化能有效促进教师主动学习体教融合政策的内容，以及内容衍生出的精神价值。另外，宣传方式的丰富和渠道的拓宽，能有效地促进教师对于体教融合政策理解的全面性，但"重形式无效果"的现象仍旧体现在大部分政策中，体教融合政策的宣传要"积极主动、把握时效"，宣传效果的落实体现出各部门对体教融合政策的重视程度，能够促进教师对体教融合政策学习的积极性和主动性，进而提高教师对体教融合政策的全面性理解。

2. 丰富政策内容

教师对体育教育的刻板印象早已成为社会常态，外部政策的制定并未改变其对体育教育的认知与行为选择。根深蒂固的狭隘观念令社会、学校和教师对于体育的态度过于片面化、边缘化，要让其认识到新时代体教融合政策的内容不是单纯地让体育部门从属于教育部门，不是"体育"和"教育"相加，更不是工作内容简单的合并，而是要树立体教协同育人的教育理念，并将该理念在工作目标、内容、制度、评价以及态度上充分体现，将各自的理念优势转化为体教共同的优势，共同作用于青少年的身心健康发展，形成"1+1＞2"的效果。只有丰富体教融合政策的内容，打破教师对体育的固化思维，减轻对体育边缘化、片面化的认知，深入了解体教融合政策和其衍生出的精神内涵，才能提高教师对体教融合政策的全面性理解。

第二节 促进网球体教融合主体参与

现阶段我国体教融合组织体系的建设至关重要。目前我国的体教融合仍处于一个合而未融的局面，各部门的合作仅仅停留在初步阶段，还未进行深度融合。其原因是长期以来我国的教育部门和体育部门在工作重心、首要利益等方面存在明显差异。这些差异导致两个部门工作的合作默契不高，未能进一步深入推进体教融合。显然我国的体教融合事业缺乏一个健全的组织体系。因此，确立统一的发展目标并发挥其导向作用、建立稳定的领导小组并发挥其组织作用、制定有力的政策并发挥其约束作用成为了体教融合事业的当务之急。

一、确立统一发展目标，发挥目标导向作用

深化体教融合，需要首先在发展目标上进行融合。长期以来，教育部门和体育部门在首要利益方面存在明显的差异，工作目标的聚合程度不高，因此消除教育部门与和体育部门内部的利益分歧刻不容缓[1]。因此，网球项目的体教融合发展进程缓慢，亟须确立统一的发展目标。首先，应把网球体教融合视作一个长期发展目标，不论教育部门还是体育部门都应给予高度重视，从而做好顶层设计工作。其次，应拓宽学生升学的途径，把练习网球作为学生升学的途径之一，以便让具备体育天赋的学生有用武之地。最后，应加强对校园网球发展的监管，定期对校园网球的发展状况进行评级，从而达到以评促进、以评促改的目的。两大部门应就以上目标达成共识，心往一处想、劲往一处使。通过有效整合实现体育和教育资源的最优化配置。体教融合整合了政府、学校和社会力量共同参与学校体育，促使政府、学校、社会和市场明确共同的靶心，在目标任务上实现有机统一，增强体育教育事业发展的动力。从而高效、充分地发挥目标的导向作用，共同推动体教融合进一步发展。

---

[1]杨国庆.中国体教融合推进的现实困境与应对策略[J].成都体育学院学报，2021，47(1)：1-6.

二、建立稳定领导小组，突出组织引导作用

为了协调多方资源、高效推进体教融合工作，应建立稳定的领导小组。当前我国校园网球的资源配置主要由政府主导，涉及学校、体育部门、政府财政部门、教育部门、职业俱乐部等，因而在发展过程中存在责任划分不清、效率低下等问题。因此，在决策层面应设立一个领导小组，以便有机协调参与主体。首先，领导小组应由教育部和体育部门牵头，由中国网球协会作为执行部门；领导小组负责战略制定、可行性评估、战略完善及评价监测等工作，以及进一步改进资源配置方式，提升配置效率。其次，领导小组应定期进行自我检讨、反省，有则改之无则加勉，以确保领导小组决策的先进性、正确性与科学性。最后，领导小组的职责不仅在于做决策，更在于组织协调各参与主体开展工作，使各参与主体在领导小组的组织下逐步形成一个有机统一的整体，从而突出领导小组的组织作用，以便有条不紊、循序渐进地开展网球体教融合工作。

三、制定有力约束政策，强调政策监管价值

我国网球体教融合进程的顺利发展，不仅需要统一的发展目标和稳定的领导小组，还需要政府部门制定有力的约束政策。诚然，在网球体教融合的推进过程中，位于决策层面的领导小组发挥着至关重要的作用，其每一个决策都将对体教融合的进程产生深远影响。但是不加以约束的权力容易造成悲剧和闹剧，从而使结果偏离初衷。因此，政府部门应制定并出台相关的政策，对领导小组进行一定的约束，以避免或防止领导小组滥用权力。首先，政府是国家公权力的象征，其政策的出台代表了国家的权威。因此，领导小组在出台政策时应符合一定规范。出台政策前应给予实施对象一定的缓冲期，让其做好准备工作。政策出台后则应加强对实施对象的监管，定期检查其落实情况。且每一个政策都不能朝令夕改。通过以上约束，确保政策的权威性和有效性。其次，政策的实施对象应包括学校、体育部门、网球协会、职业俱乐部等相关主体。政府部门出台政策可从政府角度呼吁各参与主体，使其严肃认真对待体教融合开展的相关工作。最后，政策出台后，学校、体育部门、教育部门等参与主体应积极响应政策的号召，迅速组织开展工作，

落实政府政策。

第三节 加强网球师资队伍培养

针对当前我国校园网球发展过程中网球专项教师、教练员匮乏以及网球教师、教练员队伍专业素质能力不够两大主要问题,要从思想和举措两方面着手。思想上,首先要注重网球教师、教练员的差异性,将网球教练员和网球教师的培养分开;其次,要注重学生成长阶段的差异性,提升网球教师、教练员培养的针对性。举措上,网球教师、教练员的培养主要通过国家级培训来实现。针对校园网球教师,要开展全国网球骨干教师培训;针对网球教练员,要开展全国青少年校园网球教练员国家级专项培训。最终形成以提升网球教师、教练员队伍质量为总目标,以培训为主要手段,根据教师、教练员差异性从而提升国家级培训的针对性的培养路径。

一、明确网球教师、教练员队伍培养针对性和阶段性

1. 应明确网球教练员及教师培养的针对性

首先,网球教师、教练员本身具备差异性。网球教练员大多为专业队退下来的运动员,具备专业技能水平高、比赛经验丰富等特点,是网球训练专业阶段不可或缺的人力资源,但大部分退役运动员缺少基础的教育教学相关知识。网球教师多为高等院校体育专业或是体育院校毕业的学生,这部分体育教师是当前各幼小初高院校体育教育的主力军。虽然经过数年体育教学的学习与实训,但由于其个人专业成长路径的差异,大部分体育教师本身并非网球专业,网球专业素养不足。而网球专项体育老师的技战术水平乃至网球竞赛经验等与专业退役运动员有较大差距。其次,校园网球教师、教练员所承担的任务具备差异性。受自身专业技术水平以及成长路径的影响,网球教练员在校园网球中主要承担训练与竞赛的任务,是学生中学阶段提升水平必不可少的稀缺资源。而网球教师虽具备一定的教育教学知识,却缺少网球专业素养,主要承担小学阶段的网球普及与基础教学工作。因此,在校园网球发展过程中不论是上层领导还是网球教师、教练员本人要明确

自己所承担的任务与职责，在这种前提下才能更好地实现针对性培养。因此，网球教练员、教师队伍的培养要根据网球教练员和网球教师的差异性提升其针对性。而这方面的培养主要通过培训来实现：一是打造专门的培训队伍；二是开展全国网球骨干教师培训以及全国青少年校园网球教练员国家级专项培训；三是构建统一的培训教材、教学以及训练竞赛教材；四是增加培训次数减少培训负担。

2. 应明确网球教师、教练员培养的阶段性

在当前我国网球教师、教练员水平参差不齐的情况下，除了要关注网球教师、教练员差异性而提升培养的针对性以外，还应当注意网球教师、教练员两个群体本身成长的阶段性。美国学者富勒作为教师专业成长阶段理论的创立者，根据教师关注的焦点将教师的专业成长阶段分为任教前关注阶段、求生阶段、教学情境阶段以及关注学生阶段。近年来，国内外学者肯定教师成长发展的阶段性，对其的探讨大多是教师专业成长阶段划分的依据。教练员同教师的专业成长路径特征具有一定的相似性且都具备阶段性。不同成长阶段的网球教师、教练员本身的成长目标和成长动力不同；不同成长阶段的网球教师、教练员对于网球文化的理解、网球教学专业水平的要求以及网球训练竞赛的经历不同。因此，在培养高素质、高质量网球教师与网球教练员队伍时要根据网球教师、教练员成长的阶段性进行针对性的培养。实现其针对性培养的路径如下：一是划分我国网球教师、教练员成长阶段；二是网球教师、教练员培训的开展要具有阶段性，分级分层逐步进行；三是根据网球教师、教练员成长的阶段性更新激励手段，增加其成长动力。

二、加强网球教师和教练员队伍培养的质量与数量

1. 应注重网球教师和教练员数量增加

总体来看，我国网球教师和教练员师资匮乏，无法满足学校的需要，而专业队出身的网球教练员更为欠缺。以成都武顺街小学为例，该学校共31个班，1 451名学生，而网球教练只有一位。该教练每周20节课、比赛集训以及社团、日常训练，其工作量远远超出最高工作量。增加网球教练员及教师数量的路径主要有以下几种：一是通过培训将非网球专项体育教师转化为网球教师并能够承担基础的教学

工作；二是打通部门壁垒，提升网球教师、教练员引进渠道多样性；三是提升网球教练员、教师薪资待遇，落实福利政策及职称评聘；四是通过校企合作，引入第三方参与网球训练。

2. 应注重网球教师教练员队伍质量的提升

当前我国校园网球教师和教练员队伍存在着专业水平总体较低且参差不齐、人才流动大、教法不统一、第三方合作少且不深入等问题。除打通省市专业队退役运动员入校当教师增加网球教练员数量外，网球教练员、教师队伍质量的提升主要通过培训以及考核两条路径来实现。在培训方面，一是打造专门的培训队伍、构建统一教学教材体系；二是要针对非网球专业的体育教师、网球专业的体育教师以及网球教练员的特点及差异进行有效培训；三是增加培训次数减少培训负担。在考核方面，要构建完善考核体系，除了针对校内编制的网球教师、教练员等进行考核还要将第三方合作的企业、高校尤其是俱乐部纳入其中。

第四节　推进网球体教融合赛事发展

赛事的发展对于一个国家职业网球、青少年网球的推动具有积极的促进作用。目前，我国青少年网球赛事发展较为不错，越来越多的高级别国内、国际青少年赛事的举行，极大地促进了中国青少年网球事业的发展。但国内青少年网球发展仍旧缺乏一套全国化、地区化的合理、规范、完整的赛事体系。

一、明确青少年网球赛事目标定位，破除教体系统壁垒

我国青少年体育赛事存在体育部门主办的全国青少年赛事和教育部门主办的全国学生体育赛事两套体系[1]。两套体系存在的原因在于教体部门办赛目标定位不相同，由于目标任务的不同，两者在推进体教融合工作时的出发点和落脚点都存

---

[1] 钟秉枢. 体教融合——开创学校体育工作认识新境界[J]. 体育教学，2020，40（10）：1.

在着较大差异，故没有真正形成合力推动网球运动体教融合工作[1]。首先，在体教融合工作的推进中青少年赛事的目标应紧抓体教融合政策以"全面发展""以体育人"为人才培养总目标，强调通过网球赛事将网球竞赛中所传递出的公平竞争、顽强拼搏、胜不骄败不馁以及永不放弃的体育精神影响新一代的青少年。其次，教育部门与体育部门应主动形成共同办赛的意识，通过联合办赛的形式促进教体部门的深度融合。开源的同时也需要节流，教体部门内部首先需要建立合作办赛的意识，整合双方优势资源，资源共享的同时减少浪费，逐渐形成资源的共筹、共享与共建，在资源利用最大化的基础上共同组织办赛，以提高资源的利用率与赛事的开展水平。最后，应该通过赛事的合作、资源的共享改变青少年网球赛事的运行机制，规范青少年网球赛事体系，推动青少年竞赛体系和学校竞赛体系有机融合，从而打破教体部门界限，逐步建立面向适龄青少年、不同年龄阶段相互衔接的全国青少年竞赛体系。

二、提高青少年网球赛事发展能力，保障网球赛事质量

网球项目一度被誉为"贵族运动"，其高消费的特点不仅体现在场地、训练方面，而且体现在网球赛事的举办与参与等方面。通过各地访谈调研发现，网球赛事的组织和开展需要消耗大量的人力、物力以及财力，而各地区教育部门、体育部门却缺乏网球活动资金，仅仅依靠外部政府财政拨款为主要渠道，尚未积极吸引和招揽社会优质网球资源进行赞助合作，赛事发展能力较为薄弱。应拓宽青少年网球赛事的经费来源渠道，不应过度依赖政府的资金支持、税收优惠、特许经营、专项补助等。首先，政府应主动放宽网球运动经费限制。应出台相应的优惠政策，以引导社会俱乐部、企事业单位参与到青少年网球赛事中。同时，体教融合强调教体部门的资源共享，政府也需放宽对于教体部门网球活动经费的跨部门使用限制，形成体教系统优势资源共享的最佳战略伙伴状态。其次，教体部门应积极主动与社会组织和俱乐部等形成联系与合作，通过志愿活动、市场化参与等手段，整合社会资源和市场资源弥补教体部门办赛资源不足问题。整合后的赛事资源理

---

[1] 杨国庆. 中国体教融合推进的现实困境与应对策略 [J]. 成都体育学院学报, 2021, 47(1): 1-6.

应符合赛事组织一体化的理念,通过多方资源的加入与协办,最终达成赛事举办的多元主体、赛事资源的多元共享、赛事组织的多元协同。最后,应发挥体教系统的能动性,拓宽宣传渠道。赛事的宣传渠道、途径是影响赛事影响力的主要因素之一,但就我国青少年网球赛事而言,赛事宣传渠道仍旧单一。因此,提出拓宽赛事宣传渠道,增设宣传途径,充分发挥体育系统和教育系统的能动性,结合双方资源优势,通过官网、媒体、网络等工具传递赛事相关消息,提高赛事影响力。

三、发挥青少年网球赛事辐射作用,保持持续参赛动力

在实施体教融合的过程中,必须充分协调好利益相关者之间的利益关系,完善不同利益相关者参与体教融合的激励措施[1]。体教融合要想取得新的成效,就一定要树立多元开放融合的治理理念,让不同部门充分发挥自身独特的作用,同时通过相互配合实现优势互补,这样才能积极地对接社会、对接市场,推进更多的主体参与到青少年体教融合中来。现今,构建一个多元开放、合作共赢的奖励机制,对体教融合的有效落实、提升青少年网球赛事质量有着重要意义。首先,应完善激励政策。当前存在体育系统获得的比赛成绩在教育系统并不给予认定或奖励等问题。因此,要制定体教融合的奖励机制,整合不同主体之间的优势奖励资源,对不同主体优势奖励资源实施利益捆绑,牢固主体之间的利益关系。科学协调体教融合奖励机制的划分与分成,促使利益主体之间构建一个和谐共生、合作共赢的奖励机制。其次,应明确激励对象。我国青少年网球赛事激励对象的模糊严重降低了赛事的参与人数,如教育系统参加体育系统举办的赛事并获奖,带队教师不能获取教育系统的奖励。因此,应明确青少年网球赛事激励对象,填补体教系统激励政策缺陷,为实现以奖促赛提供新路径探索。最后,应增加激励力度。我国的青少年网球赛事奖励内容多由体育和教育两个部门筹划,由于系统内部的奖励内容有限,且缺乏社会多元力量的引入,在奖励内容上仍易出现单一情况。因此,要科学吸引三方力量,制定有效的引资政策,系统规划引资条件、引资渠道与引资内容,通过整合三方资源,增添青少年网球赛事的奖励力度,最终实现奖励主

---

[1] 杨国庆.中国体教融合推进的现实困境与应对策略[J].成都体育学院学报,2021,47(1):1-6.

体的多元化和奖励内容的全面化。

四、完善青少年网球赛事结构体系，促进赛事协调发展

现今我国青少年网球赛事组织结构不平衡，主要表现在时间不平衡、网球赛站分布不平衡以及项目设置不平衡。青少年网球赛事的分布主要集中在华东、华中以及华南地区的一、二线城市，华北地区网球赛事分布较少。并且尚未根据青少年的阶段性特征，对网球竞赛项目、系列赛及赛事时间等进行特殊考虑，青少年网球赛事组织结构呈现不协调的发展特点。首先，应该调整青少年网球赛事的时间分布。全国各地青少年网球赛事赛站的设置以及赛事时间的安排需考虑青少年的学业课程特点，对参赛时间进行调整，缓解学习时间与参赛时间的冲突。其次，应该调整青少年网球赛事的地区分布。目前全国各地青少年网球赛站主要集中在华东、华南地区，华北地区青少年网球赛事较少，因此，全国各地应当全面铺开增设青少年网球赛站，调动全国各地青少年的参赛热情，也为青少年参赛提供便利。再次，应该调整青少年网球赛事的项目分布。项目分布需要考虑系列赛事以及竞赛项目。网球系列赛事，部分经济发达地区网球项目已经进入幼儿园且发展较为成熟，随着幼儿园网球普及程度越来越好，根据青少年年龄的需求以及网球的普及速度，应该对青少年系列赛事进行适当的增设和调整。网球竞赛项目，青少年时期运动员年龄偏小、心理承受能力较差，网球双打比赛比单打比赛更适合青少年的阶段性特点。因此，青少年网球竞赛项目需要根据青少年的年龄、性格及其心理承受能力等因素针对性地考虑竞赛项目，以促进青少年的身心素质全面健康发展。最后，应该规范青少年参赛资格及运动员注册。部门内的青少年网球赛事对运动员参赛资格进行严格把控，致使部分业余青少年网球运动员无法参赛，缺乏比赛经验。青少年网球赛事应该面向所有青少年进行开放，拓宽运动员的参赛资格，增加青少年的赛事经验。同时，对于网球运动员注册认证还需教体部门共同协商进行统一认证以及注册，运动员注册的统一也从侧面解决青少年网球运动员的参赛资格问题。

第五节　推动学校与社会力量密切协作

体教融合的落实仅靠学校难以完成，既需要学校与学校间的协同，又需要学校、家庭和社会的协同参与，特别是发挥社会力量，让学校与俱乐部协同联动发展，实现社会资源优势互补，对促进学生体质健康的提升和后备人才的培养具有重要的现实意义[1]。因此，基于体教融合背景，以学校和青少年业余俱乐部为载体，构建二者资源联动机制，促进其协同发展，推动体教融合的有效落实，有利于缓解中小学校引进社会网球资源力度不够等问题。

一、提高学校引进社会力量的积极性

从网球项目进校园、中小学网球项目开展情况来看，学校缺乏专业网球场地设备设施、无专业网球师资和专项资金扶持力度不够等问题严重抑制网球运动项目的正常开展。因此，网球项目在体教融合背景下想融入中小学运动项目中一起发展仅依靠教体部门的政策实施是远远不够的，应结合增强学校与社会组织资源共享、加强学校引进社会力量积极性等措施办法，促进网球项目在中小学校的正常开展，推进网球体教融合深度发展。首先，应加强学校领导引进社会力量的主动性。学校招生生源与学生升学率两个硬性指标限制着网球项目学生参与人数，学校领导在体育运动项目发展政策实施时，是需要积极主动引进社会力量支持，以此调动学生参与网球运动热情，同时帮助解决学校硬性条件缺乏等问题。其次，应提高体育教师引进社会力量的认可度。校内体育教师与社会组织专业网球教练员知识共享、教学理念互换，同时接受退役运动员的训练模式与体育教师教学方式的差异性，实现以体育"育体"和"育人"的重要价值[2]，共同促进学生的全面

---

[1] 曲鲁平，孙伟，凌波，等.体教融合视域下体育传统特色学校与青少年业余俱乐部办同发展联动机制的研究[J].天津体育学院学报，2021，41（2）：1-9.

[2] 刘海东，李娜娜.文化差异与主体认知：体教融合不可逾越的鸿沟[J].体育与科学，2020，41（5）：36-42.

发展，利于网球后备人才储备。最后，应加深学生家长对于社会力量的满意度。社会组织力量应该加大网球项目宣传力度，将家长纳入重点宣传对象范围中，以破除家长的传统体育观念，使其新建体育运动理念思想，借以夯实社会力量扶持地位。

二、激发社会力量进入校园的主动性

当前，全国各级各类学校已经达到53万所，各级各类在校生2.8亿人，学生数量庞大，仅仅依靠学校的力量很难为学生提供精准的体育服务，这就需要社会资源和市场资源。但是，社会体育组织作为社会力量的主要主体，受登记管理双重许可、监管双重负责等社会团体管理制度的限制，缺乏独立的法律地位，依然依附于政府而存在。因此，为解决社会体育组织进校园的主动性不足问题，不仅要在外部扶持、培育模范性、代表性社会体育组织满足进校园的现实需求，同时在内部通过法律制度体系，积极引导代表性社会体育组织进入校园，以此达到激发社会力量进入校园的主动性。首先，应扶持、培育代表性社会体育组织进入校园。积极扶持为体育事业做出重大贡献或杰出成就的社会体育组织；规范社会体育组织内部的自主性，提高社会组织的自治水平和自我管理能力，树立学生与家长认可、信服的品牌形象；培育社会体育组织核心团队，引领组织走向成功，提高组织凝聚力，保证组织的内生源动力。其次，应健全社会组织相关法律制度体系，积极引导社会体育组织进校园。建立健全社会团体进校园管理制度体系，简政放权，给予社会体育组织一定的独立性和自主性法律保障；以"体教协同育人"价值理念引导社会体育组织共同承担培育学生全面发展的责任和义务。通过内部升华社会体育组织的价值追求，激发社会力量进入校园的主动性往往更深远持久。

三、加强学校与社会力量之间联动性

体教融合的过程需要学校体育与社会力量的共同参与，学校体育运用社会力量、实现资源共享成为落实体教融合的重要路径之一。长期以来，在体教结合实施过程中，部门之间存在典型的本位主义和严重的功利主义思想，各种资源如赛事、人员共享程度严重不足，制约了育人资源效益的最大化[1]。为破除体育与教育行业的传统认识，彻底消除部门之间的隔阂等问题，优化体教融合的路径设计，实现青少年健康成长和网球竞技体育后备人才培养融合发展的双重目标，深化体教融合，加强学校与社会力量联动性迫在眉睫。首先，应完善以体育传统特色学校与青少年业余俱乐部为典型的联动机制。整合二者的信息、场馆和师资等资源，加强二者的协同管理，促进参与联动的体育传统特色学校和俱乐部之间相互作用并产生协同效应，推动体育传统特色学校与俱乐部可持续发展的运作模式，为各级各类学校与社会体育组织联动提供可行性借鉴。其次，应成立学校与俱乐部发展联盟。在各省市教育局和体育局配合的协调下，由地方体育局领导、传统特色网球学校、普通中小学相关领导及具有代表性的网球社会俱乐部领导组成发展联盟的领导层，成立各级各类学校与职业俱乐部发展联盟，并成立执行和监督小组，共同制定协同发展的相关政策与制度，做好顶层设计与全局协同发展把控。最后，应构建政府、学校和社会共同参与的多元组织机构。引入社会力量，尊重市场规律，发挥市场的资源配置作用，将多方主体转化为利益共同体，从而形成政府依法宏观管理、学校依法自主发展、社会广泛参与的学校体育发展新格局。

---

[1]杨国庆，刘宇佳.论新时代体教融合的内涵理念与实施路径[J].天津体育学院学报，2020，35（06）：621-625.

第十五章　网球项目体教融合发展推进策略

第一节　加强学校网球工作

一、推进学校网球实施计划

（1）确保开足开齐网球课程，把网球作为学校体育课程重要内容，确保学生每天至少参与一小时的校园体育活动。

（2）实施学校网球推进计划，树立"健康第一"的教育理念，开齐开足上好网球课，系统深化并推进"小学网球兴趣化、初中网球多样化、高中网球专项化、大学网球个性化"的学校网球推进计划或改革建设，推进中小学发展网球项目，并逐步形成学校品牌特色，推进网球教育分级分段普及与实施，以不断提升青少年网球素养水平。

（3）丰富中小学阶段网球教学内容，义务教育阶段学校要把网球作为体育课程的必修内容，每周用一节课进行网球教学，高中阶段学校要开设网球选修课，网球运动要纳入大课间或课外活动。

（4）校园网球特色学校要确保不少于50%的学生经常参与网球活动并掌握相应的网球基本知识与技能，并不断加强校园网球文化建设，让网球活动全面融入校园活动和学生生活。

二、开发学校网球教学资源

（1）探索学校网球教学模式改革，鼓励各中小学充分挖掘和利用本地教育资源，开设网球校本课程，开展"一校一品"网球特色教学改革，创建丰富多样的中小学网球精品课程，科学统筹网球与其他学科教学的融合，在课时分配、教师配备、教学管理和绩效评价等方面为网球课程资源挖掘和教学改革等创造条件。

（2）建立完善的网球课程体系，网球特色学校要制定各学龄段网球技能学习内容和评价标准，小学阶段要系统建立并全面实施短式网球课程教学体系，中学阶段要全面实施标准网球课程教学体系，以确保小学中学网球课程教学的进阶性和层次性，要确保网球特色学校每周每班不少于一节网球课，不少于三次以网球为主要内容的课外活动。

（3）加强学校网球课程的数字化建设，不断完善和开发少儿网球、短式网球教学的线上视频或在线课程，丰富学校网球课程资源。

三、丰富学校网球课余活动

（1）积极开展多样的课余网球训练竞赛活动，要围绕"教会、勤练、常赛"目标，将课余网球训练纳入中小学校日常体育教学活动体系，开展丰富多彩的网球活动课、兴趣课以及俱乐部活动等，通过多种方式扩大参与人数，积极组织校级联赛，形成良好的学校校内网球竞赛活动氛围与环境。

（2）确保各级各类学校成立校网球代表队，并制定相应的校网球代表队日常管理制度和办法，确保每周训练不少于三次，每次训练不少于一个小时，且要积极参加上一级组织的网球赛事，每个省（自治区、直辖市）建立区、市学生网球代表队，并制定合理的激励、选拔和竞争等制度，发挥区、市学生网球代表队的引领和示范作用。

（3）鼓励具备条件的学校成立校网球体育俱乐部或社团，网球传统特色学校应成立网球俱乐部或社团，且学校要将体育教师、教练员从事课外网球辅导、训练竞赛、学生体质健康测试等活动计入工作量。

（4）广泛开展校内网球竞赛活动，要确保小学中学开展不同年级的校级网球竞赛活动，形成完善的校园网球竞赛体系和良好的校园网球活动氛围。

四、完善学校网球考核评价

（1）实施学生网球素养评价工作，全面开展网球运动等级技能测试，激励和引导学生主动参加网球运动锻炼并不断提升网球运动技能，促进学生基础教育阶段网球运动技能和知识的学习，并逐步将网球素养结果纳入学生综合素质评价体系，研究探索在中考、高考中的纳入与应用。

（2）完善学校网球发展评价体系，加强对学校网球教学、课余网球训练、网球竞赛、学生网球运动素养和学生体质健康监测等的全面评估、指导和监督，并大力加强学校体育理论和政策研究，发挥高校在决策咨询、科研训练以及人才培养等方面的智库作用。

（3）改进中考网球测试内容、方式和计分办法，科学确定并逐步提高分值，且要用好学生网球素养评价档案，高校根据人才培养目标和专业学习需要，将学生网球素养评价结果作为招生录取的重要参考。

（4）不断完善优秀网球教师、教练员等的表彰激励办法，在教学评优、教师技能竞赛中设置网球内容板块，将带训、比赛成绩等纳入教师评价和考核内容，提升网球教师或教练员评价多样性水平。

第二节　完善网球赛事体系

一、开展形式多样的赛事

（1）广泛开展网球赛事活动，形成"校校参与、层层选拔、全区联赛"的格局，要建立小学（U10、U12）、中学（U15）、高中（U18）网球联赛，逐级选拔优胜队伍参加市、省级和全国中小学网球比赛，要扩大地级市、省、全国的中小学生网球赛事布点，采取"2-4-6"的赛事分布与安排标准，市级中小学生网球比赛每年至少举办6次，省级中小学生网球比赛每年至少举办4次，全国的中小学网球比赛每年至少举办2次，并且市、省和全国学生网球比赛都要设置U10、U12、U15和U18多个组别。

（2）丰富青少年网球竞赛项目，增加低年龄段青少年网球赛事，随着幼儿网球运动的快速普及和良好发展，各省市地区青少年网球比赛以及全国U系列青少年网球比赛中应增设低年龄组别赛事,尤其要增设 U8、U10 级别青少年网球比赛组别,以提升青少年网球赛事组别的完整性和合理性。此外,为完全满足青少年身体发育、年龄特征以及心理抗压等发展需要,要丰富青少年网球赛事项目,增加青少年网球双打、混双和团体等赛事项目,以全方位提升青少年的网球兴趣和培养青少年团队协作等精神品质,营造良好青少年网球赛事氛围。

二、建立系统规范的赛制

(1)教育和体育部门要统一组织学生网球赛事,整合各省市学生运动会、学校网球比赛、U 系列网球比赛等各级各类青少年网球赛事,由教育、体育部门共同组织、权责互动、资源共享、共同协商规划和举办青少年网球赛事活动,保证网球赛事活动丰富多样展开。

(2)要建立分学段的青少年网球赛事体系,各省市地区中小学校要建立常态化的校内班级联赛制度,小学要开展以兴趣班培养为主、丰富多彩的网球活动和趣味性网球技能竞赛,初高中学校要组织班级、年级联赛,开展校际网球友谊赛、邀请赛、挑战赛和对抗赛等竞赛活动,丰富校园网球竞赛组织形式,以此建立和完善纵向贯通、横向衔接、规范有序的小学、初中和高中三级校园网球联赛机制。

(3)要建立分时段跨区域的青少年网球赛事体系,为实现"教会、勤练、常赛"的青少年体育锻炼目标以及满足青少年学业课程安排要求,青少年网球赛事安排要采取平日校内比赛、周末校际比赛、节假日跨区域比赛、假期全国性比赛的模式,有效避开青少年正常学习时间,从而缓解青少年阶段的竞赛与学习矛盾,利于减轻青少年及家长压力,促进青少年的全面发展。

三、强化公正严明的赛纪

(1)加强诚信教育和竞赛监督,使网球竞赛成为学生体验、适应社会规则和道德规范的有效途径,强化公平、文明和安全竞赛,完善裁判员公正执法,参赛人员遵纪守法,观赛人员行为规范的约束机制,遵守体育道德,端正赛风赛纪,营造风清气正的学校网球竞赛环境。

(2)建立青少年网球赛事督导制度。为保证青少年网球赛事活动良好运行,每年大型的青少年网球赛事活动均要选派赛事督导员对赛事活动的整体部署和运行进行督促和指导，以保证青少年网球赛事活动的有序性和安全性。

（3）规范运动员注册及参赛资格。各省市网球协会要联合教育、体育部门等建立各省的学生网球运动员数据管理平台，对学生注册信息、体能指标、比赛成绩等进行统一记录和管理，并建立各省市的学生网球运动员赛事积分系统，定期发布青少年网球比赛信息和宣传信息等，督促青少年网球运动员长期坚持网球训练和比赛，促使青少年网球运动健康持续发展。

四、完善等级评定与奖励

（1）统一网球运动员技术等级和学生网球技能等级评定。按照体育总局《运动员技术等级管理办法》规定，为包括学生运动员在内符合条件的青少年运动员授予等级称号，学生运动技能评定，由各省体育局、省教育厅指导省级网球协会、学生体协，充分衔接国家统一标准，制定网球项目统一的学生运动技能等级试行标准。

（2）完善青少年网球运动员成绩奖励评估机制。各省要将参加世界大学生运动会、世界中学生运动会、大满贯青少年赛事、全国运动会、全国学生（青年）运动会、耐克杯等重大网球赛事的运动员成绩，纳入对体育、教育部门双方奖励评估机制，按照有关规定予以奖励。

（3）加强对取得重要比赛成绩的学校、教师和运动员等的奖励和激励。通过教体部门联合制定相关激励政策，对取得重要网球比赛成绩的中小学校、带队教师或教练以及运动员等给予一定程度的奖励。此外，针对社会网球俱乐部独立承办青少年网球赛事也要给予场地优惠以及资金支持，对优秀网球运动员家庭给予一定的参赛及训练补助，减轻家庭负担，激发社会组织以及家庭参与网球青少年赛事活动的积极性。

五、加强赛事合作与宣传

（1）加强国际赛事合作，促进赛事影响升级，力争实现中国网球协会 U 系列分级积分赛与欧美发达国家或地区 U 系列比赛的有效衔接，力争纳入 UTR 排名系统，有效提升赛事影响力和吸引力，为我国青少年网球运动员竞技水平提高、升学和职业发展创造有利条件。

（2）加大社会力量的支持参与。各省市网球协会联合教育、体育部门等制定社会组织投资和支持青少年网球赛事活动的合作引资政策，可采用引资免税等政策，吸引社会力量投资青少年网球赛事活动，各省市地区网球协会等要充分借助青少年网球赛事活动对当地知名企业、品牌或产业等进行大力宣传，以形成长期、共享、互助的合作关系，以保障青少年网球赛事活动经费的多元化投入和高质量发展。

（3）要丰富青少年网球赛事宣传形式，可广泛结合自媒体、网络等宣传工具对青少年网球赛事活动进行宣传，以提升青少年网球赛事活动的影响力，促进社会大众等对青少年网球运动的支持和参与。

第三节　提升社会网球服务

一、推动社会网球组织发展

（1）促进社会网球组织开展丰富的网球活动，积极开展青少年网球冬夏令营、周末营等网球技能培训，动员社会力量广泛开展各级各类青少年网球赛事活动，推动幼儿网球、亲子网球等发展，构建家庭、社区、学校相结合的青少年网球活动网络体系。

（2）强化社会网球组织的健康教育普及职能，要督促社会网球俱乐部在培训中注重青少年网球健康知识和科学锻炼的全面指导，推进儿童青少年近视、肥胖和运动损伤等防控知识技能普及，鼓励青少年每天至少参加1小时中等及以上强度身体活动锻炼，培养青少年终身体育锻炼意识和运动习惯。

（3）健全社会网球组织的监管与评价体系，有力推动青少年网球社会组织发展，大力建设青少年网球俱乐部，完善星级标准评估制度，鼓励和引导社会网球组织积极参与青少年网球技能培训、后备人才培养、赛事活动组织等，加强第三方评估和监管。

二、支持学校与网球俱乐部合作

（1）建立健全社会网球俱乐部准入标准。各省市地区网球协会要联合体育、教育部门制定社会网球俱乐部准入标准体系，共同协商制定社会网球俱乐部进入校园的准入标准，对社会网球俱乐部资格认证、注册人数、训练体系、场地设施、教练队伍、会员数量和竞赛成绩等进行综合评定，并颁发相应的等级认定证书，提升社会网球俱乐部的准入或选拔质量。

（2）打造社会网球俱乐部发展联盟。各省市网球协会要积极搭建社会网球俱乐部进校园的发展联盟，并制定和设立统一的规范要求和组织机构，加强联盟成员自治水平和自我管理能力，逐渐形成为分工明确、职能清晰、资源共享的社会网球组织平台，为网球项目体教融合发展提供支持；完善社会网球俱乐部支持和补偿措施，坚持和完善政府体育服务购买优惠政策，对参与学校网球教学训练合作的网球俱乐部或组织给予一定的补偿，以激励学校和社会网球俱乐部合作的积极性。

（3）建立第三方监督评价和反馈机制，加强对入校合作的社会网球组织或俱乐部等的日常管理和评估考核，及时总结和解决学校和社会网球组织或俱乐部合作过程中存在的问题与不足，提升学校和社会网球组织或俱乐部合作发展的效率。

三、提高网球场地利用效率

（1）完善网球场地管理方式，鼓励各省市地区采取公建民营、民办公助、委托管理等多种方式，运营维护社会网球场地设施；鼓励各地完善社会网球场地，为广泛开展网球赛事活动提供保障。

（2）优化社会网球场使用功能，坚持免费或低收费开放，确保开放时间，任何单位或个人不得擅自改变政府投资和享受政府补贴的社会网球场地的功能，鼓励多元利用和延伸网球产业链，支持为学校和青少年教学、培训服务提供场地支持，确保推进网球项目体教融合。

（3）丰富社会网球场运营手段，充分利用互联网、大数据等信息化技术，提升社区网球场地设施智能化管理水平，提高运营效益。各地要切实履行主体责任，加强对社会网球场地运营管理的指导和监督管理，到2025年要初步形成权责明确、主体多元、利用高效的社会网球场地长效运营管理机制。

（4）促进网球场地设施共建共享，引导机关和企业事业单位网球场地向社会开放，建立学校和社会对场地设施的共享机制，保证校园网球场地在空闲时间向社会开放。

第四节　促进网球人才培养

一、扶持网球传统特色学校

（1）整合网球传统学校和网球特色学校。按照"一校一品""一校多品"的学校体育模式，将原传统网球学校和网球特色学校整合为网球传统特色学校，由教育、体育行政部门联合评定，实行动态管理，教育、体育行政部门对体育传统特色学校每三年进行一次评定命名，保证"十四五"期间评定命名网球传统特色学校 5 000 所以上。

（2）提高网球传统特色学校训练水平。每所网球传统特色学校至少成立 1 支学校代表队，积极围绕传统特色项目组建高水平运动队，教育、体育部门要支持网球传统特色学校加强梯队建设。提高训练水平，加强网球教师、教练员课程体系和训练体系科学化的培训，提升执教能力。鼓励网球传统特色学校建立网球特长生成长档案，动态掌握网球人才成长过程和流动情况，实施跟踪管理、科学培养和重点保护。

（3）建立网球传统特色学校人才选拔输送机制。各市、县要形成网球传统特色学校与体校联合培养高水平竞技体育后备人才机制和向省内高校高水平运动队定点输送的合作机制，按照公开、公平、公正的程序选拔一定比例的优秀学生运动员进入省队参加网球训练比赛。此外，要加强网球传统特色学校"一条龙"人才体系建设，由小学、初中、高中组成对口升学单位，解决网球人才升学问题。

二、促进网球体校创新改革

（1）改革网球体校办学体制机制。按照"共建、共管、共创、共享"的原则，由教育、体育部门共同建设网球体校，义务教育阶段学生的文化教育全部纳入国民教育体系，配齐配足配优文化课教师，加强教育教学管理，支持网球体校与当地优质中小学校加强合作，为青少年运动员提供更好网球资源，创造更好的教学条件，不断提高体校网球运动员文化教育水平。

（2）积极拓展网球体校办学功能。在突出体校专业特色和体育后备人才培养任务的同时，充分利用体校在网球教练员、场馆设施等方面的优势，推动建立青少年网球训练中心，发挥其在青少年网球运动技能培训方面引领作用。省市级体校要组建复合型教练员保障团队，以网球传统特色学校为主要对象，以适当形式与当地中小学校合作，为其提供场地、设施、训练、教学、竞赛、培训等服务。

（3）提升网球体校师资队伍建设。确保体校网球教师、教练员各项待遇得到落实，体校网球教师在学科优质课评选、职称评定、评优评先、继续教育等方面应享受与当地普通中小学校或中等职业学校教师同等待遇。制定体校文化课教师节假日和工作时间外为运动员补习文化课补助标准，并将补助列入财政经费预算。

三、支持社会网球组织发展

（1）鼓励各行业网球协会推动社会网球组织参与青少年网球人才培养，发挥各行业网球协会的引领作用，有效引导扶持各类学校、体校、体育中心（场馆）等创办形式多样的青少年网球俱乐部，并建立统一规范的社会网球俱乐部注册管理平台，探索实施会员制等多元管理模式，不断壮大社会网球俱乐部自身实力，推动其面向青少年提供公益性网球服务。

（2）鼓励社会网球俱乐部举办各类网球文化主题活动和竞赛活动，并制定规范严格的安全防范办法，积极营造全社会各地区良好的青少年网球竞赛氛围。

（3）加强青少年网球俱乐部的交流与合作，创造青少年学习与交流平台，鼓励各地发挥区域和资源优势，以冬夏令营活动或交流赛等形式，开展形式多样的青少年网球交流与合作活动，拓展青少年网球活动的交流平台和学习渠道，形成健康、有序、活力、多彩的青少年网球发展环境。

四、完善学生考试招生政策

（1）完善小升初、初升高配套的招生政策，激励青少年积极参加网球学习和训练，鼓励各省市地区网球传统特色学校加大对中小学生网球训练和竞赛工作的重视，加大投入力度。

（2）要完善（制定）网球特长生（分数）录取政策办法，初中阶段参加教育行政部门和学生体育协会组织的网球竞赛，获团队项目、单项比赛全国前三名或省级第一名的网球特长生可降分录取，而省级前六名和市级前三名的网球特长生可择优适当降分录取，具体办法由各省市教育局确定。

（3）要完善各省市地区网球特色学校特长生招生办法，由教育部命名的全国青少年校园网球特色高中学校，在不跨区招生政策的前提下，要扩大当地本市（区）招收网球特长生的名额，由教育部命名的全国青少年校园网球特色初中学校，允许网球特长生在升学录取时在本市区范围内合理流动。

五、加强网球科学训练指导

（1）要规范青少年网球训练的科学统一标准，合理修订中国网球协会青少年训练大纲，科学制定分年龄分级别的青少年训练方案，建立统一的青少年网球人才培养执行标准，配套制定青少年网球训练大纲的执行监管办法，为中国网球后备人才培养发挥科学性和规范性指导价值。

（2）要建立青少年网球科学训练的指导教材和数字资源，广泛吸取国外先进网球训练理念，合理参考国外科学训练方法，汇聚国内知名网球训练专家团队，编制撰写青少年网球训练指导教材，录制青少年网球训练线上资源，在中小学和网球特色学校进行全面推广，普及先进网球训练理念和科学训练方法，逐渐促进青少年网球训练实践的科学化水平提升。

（3）在各省市地区网球协会牵头下，要成立青少年网球训练专家指导团队，定期定时对网球特色传统学校等进行青少年网球训练督导工作，逐步推动青少年校园网球训练工作全面展开，稳步促进青少年网球后备人才培养全面落实。

六、提升网球人才培养保障

（1）发挥教育、体育部门资源优势推进体教融合，探索在学校创建青少年网球竞训基地，开展竞赛、培训等活动，建立教育、体育和社会相互衔接的人才输送渠道，集中资源优势，形成校园网球人才梯队。

（2）各省市网球协会要建立网球智库单位合作机制，要加强与当地高校的密切合作，充分发挥高端网球智库的助力作用，积极整合社会组织的资源力量，创新合作培养机制，搭建服务保障平台，有力打造体能训练、医务监督、运动康复、心理辅导和文化教育等多方面的网球后备人才保障团队。

（3）各省市网球协会要联合教育部门、体育部门针对网球人才培养的先进集体或个人建立奖金激励机制，对学校、企业、家庭、俱乐部、教练员和学生等先进集体或个人给予相应鼓励政策和奖励办法，有效激发参与人才培养不同主体的积极性与能动性，推动业余网球、家庭网球、学校网球、专业网球和职业网球的有效互动，扩大和提升网球后备人才培养通道和效率。

第五节　加强师资队伍建设

一、多渠道扩充网球师资

（1）支持优秀退役运动员担任学校网球教师和教练员。按照教育部、体育总局工作要求，畅通优秀退役运动员、教练员进入学校兼任、担任体育教师的渠道。组织优秀退役网球运动员转任网球教师、教练员培训，经培训合格可安置到全省大中小学校。推动网球教师、体育教练员岗位双向交流。

（2）制定校园网球兼职教师管理办法，鼓励专业能力强、思想品德好的网球教练员、裁判员或有网球专长的其他项目体育教师和志愿人员担任兼职网球教师。

（3）各级各类学校设置教练员岗位，探索先入职后考证方式，不断完善人才引进、职称评聘、岗位津贴等激励保障措施，多渠道引进兼职高水平网球教师、教练员和裁判员,加大退役网球运动员进学校任教的宣传力度,制定完善网球运动员兼职学校网球教师或教练员的相关办法,以不断提升学校网球教师和教练员整体数量。

(4)各省市地区网球协会要鼓励当地体校教练员或运动员以网球指导员身份对网球传统特色学校进行帮扶活动,并制定帮扶或指导的次数、课时和报酬等管理办法,以提升学校网球教学和训练水平。

(5)2025年保证各省(自治区、直辖市)50%的小学至少有一名校园网球指导员,保证全国所有网球特色学校至少配备一名网球教师和一名网球教练员。

二、多途径培养网球师资

(1)要进一步规范网球师资的培养体系,依托高校等组织机构、教练培训资源,建立长效培训机制,要把网球教师等师资培训纳入各级各类学校教师的继续教育体系,加强对网球行政干部、学校网球教师、网球教练员以及网球裁判员的全程化培养。

(2)各省市网球协会联合当地教育、体育部门等鼓励学校邀请网球专家顾问,指导学校网球教学与训练活动,聘请国内外知名网球教练等进行网球指导和交流活动,以辅助网球教师、教练员等积极借鉴学习先进的青少年网球管理模式和科学的网球训练理念。

(3)注重网球师资岗前培训,教育、体育部门负责组织和实施网球教师的岗前培训工作,培训内容主要涉及网球基本规则理论、教学方法手段和安全健康知识等,完善规范的培训考核和证书认证等制度,以提升学校网球教师的从业水平和资格。

三、多形式培训网球师资

(1)要总体按照分类培训原则,把网球师资列入教师培训总体规划,制定培训方案,开发培训资源。

(2)鼓励各省市地区教育、体育部门联合广泛开展网球教师技能大赛、教学能力竞赛、网球交流比赛、网球教学研究或学术研讨等主题活动,以提升网球教师的专业能力和综合素质。

（3）坚持"走出去、请进来"的原则，积极开展对外交流，选派骨干网球教师或教练员等参加全国或省市高级别网球培训交流，提升网球教师和教练员思想意识和业务水平。

（4）加大校园网球师资培训经费投入，鼓励当地教育和体育部门加大校园网球师资专项培训经费支持，引进社会组织和赞助，降低学员参加网球培训等的经费负担和压力，保障网球师资培训的积极性和持续性。

四、一体化管理网球师资

（1）体育、教育部门成立统一的网球教练员、裁判员委员会，健全网球教练员、裁判员的注册、培训、考核、选派和奖惩制度，对网球教练员和裁判员等进行统一规范管理，不断提升网球教练员和裁判员思想品质和业务水平。

（2）要分别实施校园网球教练员（教师）培训计划和社会业余网球教练员培训计划，保证分类培训内容、形式和目标等的针对性，以满足不同岗位青少年网球参与者的实际工作需求。

（3）制定针对校园网球教练员（教师）的培训目标、教材、课程和考核体系，尤其针对小学网球教师培训要制定不同年级的网球（短式网球）培训体系。

（4）制定针对社会业余网球教练员的培训目标、教材、课程和考核体系，加强社会网球教练员培训的统一性标准和规范化管理，提升教练员整体的数量和质量水平。

（5）2025年，要实现全国各省市网球特色中小学校网球教练员（教师）持证上岗，保证中级网球教练员和一级网球裁判员全覆盖。

第六节　推进网球文化建设

一、弘扬网球运动文化精神

（1）在学校教学和竞赛活动中要注重弘扬奥林匹克精神、中华体育精神和当地城市文明精神，采用内容丰富、形式多样、合理有效的体育运动精神教育和宣传方式，以保证青少年学生体育运动精神教育的重要价值和有效组织。

（2）在各级各类学校的网球课程中积极开展奥林匹克、中华体育精神教育，在青少年网球赛事活动中强化网球运动精神和礼仪文化教育，以培养青少年高尚的爱国主义、顽强拼搏等精神，帮助青少年健全人格、锻炼意志。

（3）鼓励网球传统特色学校建立校级网球宣传墙或展览馆，积极开展中小学网球主题招贴画活动、作文竞赛等，通过多样的网球学习活动，以提升青少年对体育运动精神的积极弘扬和全面理解。

二、实施网球文化育人计划

（1）积极开展丰富多样的网球文化宣传和交流活动，组织当地网球名人或冠军等优秀网球运动员进校园，开展网球教学、网球竞赛以及网球文化交流宣传活动，提升网球明星对校园网球活动开展的影响力和宣传力，激发学生或青少年参与网球锻炼等活动的兴趣和积极性。

（2）各省市地区教育、体育部门要鼓励或配合学校组织学生观看当地学生网球比赛、高水平网球赛事等，并进行统一的组织管理和交通服务等，提高学生对网球运动项目的了解水平，促进学生对网球礼仪文化的认识水平，培养有爱好、懂欣赏、会技能的网球青少年。

（3）把校园网球纳入各省市地区教育部门发展规划和工作计划，列入学生阳光体育运动计划，引导广大学生"走下网络、走出教室、走向球场"参加网球运动锻炼，让更多的青少年学生体验网球生活、热爱网球运动和享受网球快乐。

三、加大网球文化宣传力度

（1）要把网球主题教育宣传活动作为校园文化建设的重要内容，把网球扎根于校园、融入学生生活，以营造良好的校园网球文化氛围。

（2）要充分发挥媒体传播优势，利用电视、网络媒体等传播媒介，以丰富多彩的多元题材讲好网球故事，传播网球育人理念，引领校园网球新风尚，扩大网球运动影响力，以创造丰富的网球运动文化环境。

（3）要鼓励学校利用互联网和新媒体搭建信息平台，广泛报道校园网球，交流工作经验、展示特色成果，以营造有利于校园网球发展的良好文化氛围。

（4）要发挥扶持特色带动普及宣传的作用，加强与网球运动先进地区特色学校或职业俱乐部的交流合作，鼓励建立友好交流关系，组织网球从业人员有计划有步骤外出学习培训，不断学习先进理念，拓展国际视野，吸收成熟经验，提高网球管理和推广水平。

第七节　推进工作保障措施

一、强化组织领导

（1）要充分发挥我国网球体教融合发展工作领导小组作用，网球运动管理中心和中国网球协会应履行好主管责任，负责统筹规划、宏观指导和综合管理，同时应充分发挥人才和资源优势，加强技术指导和行业支持及相关服务，做好青少年网球竞赛、培训和网球人才培养等工作。

（2）要制定网球项目体教融合工作联席会议制度，每半年至少召开一次会议，研究解决网球项目体教融合发展中存在的重要问题，制定有关政策和措施。

（3）建立网球项目体教融合督导机制，强化责任担当，加强考核政策引导，充分调动地方网球协会积极性，保证网球项目体教融合各项政策落实落细，对相关政策落实情况进行定期评估，对执行不力的严肃追责。

二、加大资金投入

（1）各省市地区相关财政部门要加大投入力度，把发展青少年校园网球纳入教育、体育事业发展预算，统筹相关经费渠道对校园网球教学改革与课程建设、师资队伍培训、青少年网球训练体系建设等方面给予足额保障。

（2）积极探索市场化筹措机制，多渠道有效利用社会资金设立校园网球发展基金，强化监管，统筹解决教练员、裁判员的聘用、培养和校园网球的办赛、参赛、奖励、培训等经费问题。

三、加快场地建设

（1）各省市教育、体育部门要加大对学校网球设施的支持力度，把学校网球设施列为义务教育学校标准化建设的重要内容，实施网球场地建设工程，规划和建设学校网球场地。

（2）要进一步推动学校网球场地设施对外开放，建立学校和社会网球资源的共建共享、统筹利用的有效机制，积极推动公共网球场馆设施为开展校园网球提供服务，向学生免费开放。

四、完善保险制度

（1）各省市各级学校要遵循教育规律、青少年身心发展规律和网球运动规律，把校园网球运动伤害风险管理纳入学校安全防范体系建设，健全规章制度，建立应急处置机制。

（2）加强安全教育，普及运动安全知识，增强学生自我保护意识，加强医务监督和安全检查，避免伤害事故发生。

（3）完善学校体育运动风险管理和转移机制，鼓励家长（监护人）自愿为学生购买意外伤害保险，提升校园网球安全保障水平，解除学校、学生和家长后顾之忧。

五、健全激励机制

（1）各省市各级学校要制定有利于网球特色人才持续发展的优惠政策，把体育教师开展网球训练和比赛等纳入教学工作量，对积极参加网球活动、比赛取得优异成绩的教师或教练，予以奖励，鼓励网球教师开展校园网球课题研究，加强研究成果的转化和应用。

（2）保证网球教师在评优树模、工资待遇、职称晋升等方面同其他学科教师要享受同等待遇，参照有关政策规定妥善解决网球教师运动装备经费，切实保障网球教师薪资待遇。

后 记

中国网球事业健康持续发展的关键在于人才储备，尤其对竞技网球而言，提高精英网球后备人才和精英教练员人才的培养质量尤为重要。在体育强国与健康中国重大战略的目标导向下，中国网球事业发展被赋予了全新使命与责任，如何提升当前精英网球人才培养效率和推进体教融合政策稳步实施，是中国网球界人士共同关注与参与的重要议题。本书相关研究沿着提出问题、分析问题和解决问题的研究思路，主要运用专家访谈、实地调研以及个案分析等研究方法，全面了解我国精英网球后备人才培养和体教融合发展等过程存在的问题与其原因等，并有针对性地提出相应的对策谏言。

在本书的撰写过程中，作者有幸得到了中国网球界相关部门与专家的帮助与支持。首先，感谢国家体育总局网球运动管理中心和中国网球协会相关部门领导及工作人员等的大力支持，在其提供的人力与物力的保障下，相关课题顺利完成了深入调研和全面论证，最终提出了可行性的策略方案。其次，感谢各省市地区网球运动管理中心与网球协会等部门的管理者和相关人员。在他们的协助与配合下，为了更加全面且真实地了解当前我国精英网球人才培养和体教融合推进的现实状况，课题组着重对上海、浙江、江苏、广东以及四川等不同省市地区的网球运动管理中心、网球协会、网球运动学校、网球传统特色学校以及网球俱乐部等进行了大量调研和访谈，以详细了解我国网球后备人才培养、精英教练员人才培养以及网球项目体教融合发展过程中存在的问题及其原因。这些工作为精英网球人才培养和体教融合推进策略方案的提出奠定了基础。此外，由衷感谢参与本课题研究访谈与论证的国内知名网球教练员、运动员以及专家学者等的大力支持与悉心指导，其真知灼见、谏言良策为中国精英网球人才培养与体教融合稳步发展提供了指导与参考。最后，感谢中国网球协会智库单位成都体育学院对课题组的鼎力支持，感谢课题组所有成员，在课题调研、论证以及文本撰写过程中所付出的辛劳！万分感谢！

  本书由雷正方、杨成波和刘青共同撰写完成。我们期望本研究成果能切实为我国精英网球后备人才与精英网球教练员人才培养提供有效参考，为稳步推进网球项目体教融合和中国网球事业更好发展提供重要借鉴。当然，由于作者知识储备不足以及思考不够深入，本书难免存在各种不足和欠缺，诚挚恳请诸位读者同仁批评指正、不吝赐教。

雷正方

2022 年 4 月 26 日

附 录

Ⓐ. "我国精英网球后备人才培养策略研究"访谈提纲

1. 您怎么理解"精英"或"精英运动员"?
2. 您认为精英运动员或精英后备人才应该具备哪些素质?
3. 您认为当前我国精英网球后备人才培养现状如何?
4. 您觉得当前我国精英网球后备人才培养存在的主要问题有哪些?影响因素是什么?
5. 您认为我国在培养精英运动员过程中有哪些成功的经验?
6. 您认为国外关于精英网球后备人才培养有哪些可借鉴的模式或优势?
7. 您认为国家、社会、市场以及家庭等的精英运动员培养模式有何区别?您认为哪种模式更适合中国网球?
8. 您对中国竞技网球发展有哪些建议?

B. "我国精英网球教练员培养策略研究"访谈提纲

1. 您怎么理解"精英"或"精英教练员"?
2. 您认为精英网球教练员应该具备哪些素质或能力?
3. 您认为当前我国精英网球教练员培养现状如何?
4. 您觉得当前我国精英网球教练员培养所存在的主要问题有哪些?影响因素是什么?
5. 您认为应该如何培养精英网球教练员人才?或有何建议?
6. 您认为促进我国精英网球教练员职业发展的政策性策略有哪些?
7. 您对中国竞技网球发展有哪些建议?

C. "我国网球项目体教融合推进策略研究"各省市协会管理人员以及知名教练员访谈提纲

1. 您认为当前青少年校园网球开展情况如何?有哪些问题?
2. 您觉得当前本市或地区校园网球开展较好学校的模式是什么?有什么可借鉴或推广的经验?
3. 您怎么理解体教融合政策?
4. 您认为当前体育部门和教育部门在推进网球体教融合的过程中存在哪些难题?其原因是什么?应该怎么解决?
5. 您认为协会在推进网球项目体教融合过程中应该做哪些工作?你们是怎么做的?
6. 您认为网球体教融合在赛事开展方面存在哪些问题?应如何改进?
7. 您认为学校和俱乐部等社会组织在网球体教融合发展过程中应该进行怎样的协作或合作?对此您有什么建议?
8. 您对有效推进网球项目体教融合发展有哪些建议?

D. "我国网球项目体教融合推进策略研究"
网球运动学校以及网球传统特色学校相关人员访谈提纲

1. 您怎么理解体教融合政策？
2. 您认为当前青少年校园网球开展情况如何？
3. 您认为一直以来制约网球体教结合发展的原因是什么？
4. 您认为网球项目体教融合推进过程中存在的问题有哪些？原因是什么？应该怎么办？
5. 您学校在推进网球体教融合过程中是怎么做的？或存在哪些困难？或有哪些成功经验？
6. 您认为当前青少年校园网球赛事开展如何？存在哪些问题？
7. 您对教练员进校园相关政策是怎么看待的？您认为有什么困难？
8. 您认为网球俱乐部如何与学校应该怎样进行有效、长期的合作？

E. "我国网球项目体教融合推进策略研究"家长及俱乐部相关人员访谈提纲

1. 您怎么看待体教融合政策?
2. 您认为当前我国青少年网球运动发展存在哪些问题?其制约因素是什么?
3. 您认为体教融合政策对推进青少年网球运动的发展具有哪些影响?
4. 您认为体教融合政策对网球运动学校或俱乐部的发展产生哪些影响?
5. 您认为网球运动学校或俱乐部对推进网球体教融合发展应发挥怎样的作用?其困难有哪些?
6. 您认为当前青少年网球赛事开展如何?对推进网球项目体教深入融合的发展应如何改进?
7. 您认为网球俱乐部如何与中小学校进行有效、长期的协作?
8. 您对推进网球项目体教融合发展有哪些建议?

参考文献

[1] 《现代汉语辞海》编辑委员会. 现代汉语辞海. 北京：中国书籍出版，2003.

[2] 《中国百科大辞典》总编委员会. 中国百科大辞典. 北京：中国大百科全书出版社，1990.

[3] 中国社会科学院语言研究所词典编辑室. 现代汉语词典. 第6版. 北京：商务印书馆，2012.

[4] 赵桂银. 体育人才学[M]. 北京：人民体育出版社，1993：2.

[5] 杨再准. 中国竞技体育后备人才培养模式的研究[D]. 上海：上海体育学院，2002.

[6] 宋开有. 上海市网球后备人才培养模式的研究[D]. 上海：华东师范大学，2010.

[7] 程丽娜. 当代台湾地区精英嬗变研究[D]. 上海：华东师范大学，2011.

[8] 金一超. 论精英和精英教育的逻辑起点[J]. 高等理科教育，2008(6)：16-19.

[9] 辞海编辑委员会. 辞海. 第6版. 上海：上海辞书出版社，2010.

[10] 帕累托（意）. 普通社会学纲要[M]. 田时纲，译. 北京：生活·读书·新知三联书店，2001：298.

[11] 王通讯. 人才成长的八大规律[J]. 决策与信息，2006(5)：53-54.

[12] 汪睿. 当代中国大陆高校精英人才培养模式研究[D]. 武汉：武汉大学，2015.

[13] 田麦久. 运动训练学[M]. 北京：人民体育出版社，2006.

[14] 杨国庆. 论新时代中国竞技体育新发展[J]. 体育文化导刊，2019(3)：11-16.

[15] 杨国庆. 我国竞技体育后备人才多元化培养模式与优化策略[J]. 上海体育学院学报，2017，41(6)：17-23.

[16] 杨成波，郭建华，杜娟，等. 中国竞技网球后备人才培养策略研究[J]. 体育科学，2020，40(8)：49-57.

[17] 马志和，徐宏伟，刘卓，等. 论我国竞技体育后备人才培养体制的创新[J]. 体育科学，2004，35(6)：56-59.

[18] 柳鸣毅，但艳芳，张毅恒. 中国体育运动学校嬗变历程、现实问题与治理策略研究[J]. 体育学研究，2020，34(03)：64-77.

[19] 国际网球联合会. 2021年全球网球报告. [EB/OL]. https://www.itftennis.com/en/.

[20] 王海宏. 竞技体育后备人才培养模式的对比分析及整合策略[J]. 首都体育学院学报，

2011，32(6)：531-535.

[21] 董佳华.国外竞技体育后备人才培养法制化对我国的启示[J].沈阳体育学院学报，2015，34(05)：54-58.

[22] 周建伟，陈效科.德国足球后备人才培养研究[J].体育文化导刊，2017，34(11)：97-101.

[23] 孙雪.英国精英运动员培养体系研究[D].北京：北京体育大学，2013.

[24] 胡安义，吴希林，蔡开明.德国竞技后备人才的培养与启示[J].体育文化导刊，2012，30(09)：67-70.

[25] http://fs.ncaa.org/Docs/eligibility_center/Student_Resources/CBSA.pdf.

[26] https://www.ncaa.org/sites/default/files/GOALS_convention_slidebank_jan2016_public.pdf.

[27] https://tennisnashville.net/sites/default/files/pdf/Youth_Tennis_Local_Play_Flyer-2015.pdf.

[28] 曾秀端，潘前，吴有凯.美国竞技网球管理体系剖析[J].体育科学研究，2017，21(06)：44-47.

[29] NCAA Sports Sponsorship and Participation Rates Report[EB/OL].[2017-02-16].http://www.ncaa.org.

[30] https://www.ncaa.org/about/resources/media-center/ncaa-101/our-three-divisions.

[31] https://www.ncaa.org/sites/default/files/goals_convention_slidebank_jan2016_public.pdf.

[32] 王志威.英国体育政策的发展及启示[J].上海体育学院学报，2013，36(01)：5-10.

[33] 田丰.发达国家青少年体育发展的经验梳理及启示[J].中国青年研究，2017，16(12)：26-32.

[34] 辞海编辑委员会.辞海.第6版.上海：上海辞书出版社，2010.

[35] 郭石明，李青唐，傅剑，等.教学研究型大学精英教育模式的分析[J].浙江工业大学学报(社科版)，2007，42(4)：383-388.

[36] 关于深化教练员岗位培训教学改革，探索建立"能力本位"教学模式的意见[J].中国体育教练员，2003(01)：20-21.

[37] 中国大百科全书编辑委员会.中国大百科全书[M].第2版.北京：中国大百科全书出版社，2009.

[38] 中国体育科学学会，香港体育学院.体育科学词典[M].北京：高等教育出版社，2000.

[39] 辞海编辑委员会.辞海（文化、体育分册）[M].上海：上海辞书出版社，1981.

[40] 柳建庆，杨鹏飞.微观视角下中国篮球教练员人力资本分析[J].武汉体育学院学报，2008，31(3)：27-32.

[41] 李文超.我国优势项目复合型教练团队的运行机制研究[D].北京：北京体育大学，2013.

[42] 章凌凌，戴金彪. 对2008年奥运会后我国网球教练员现状调查研究 [J]. 西部体育研究，2010(4)：267-271.

[43] 闫亚茹. 英国职业体育教练员培养特征及启示 [J]. 体育文化导刊，2019(4)：77-82.

[44] 柳建庆，赵丹妹. CBA与NBA教练员人力资本比较研究 [J]. 第三届体育博士高层论坛，2017：84-89.

[45] 吴阳. 中国网球教练员执教能力及影响因素研究 [D]. 上海：上海体育学院，2017.

[46] 由世梁. 大学篮球教练员领导行为、团队冲突、团队凝聚力与满意度关系研究 [J]. 沈阳体育学院学报，2014, 33(4)：115-121.

[47] 钟秉枢，谢燕歌，李晨峰. 打造全球教练体系，提升教练执教水平——记2014国际教练教育理事会和全球教练之家活动 [J]. 中国体育教练员，2014, 22(03)：19-22.

[48] 段保同. 主要发达国家教练员教育体制研究 [D]. 北京：北京体育大学，2008.

[49] 王家力. 我国教练员教育的发展与改革对策研究 [D]. 武汉：华中师范大学，2015.

[50] 张喆. 中国网球教练员继续教育体系构建研究 [D]. 郑州：河南大学，2014.

[51] 王祁雅莉. 关于国内网球教练员培训模式的分析研究 [D]. 北京：北京体育大学，2013.

[52] 何年. 体育融入素质教育新理念 [J]. 教育，2019(9)：19-20.

[53] 杨国庆. 中国体教融合推进的现实困境与应对策略 [J]. 成都体育学院学报，2021, 47(1)：1-6.

[54] 柳鸣毅，龚海培，胡雅静，等. 体教融合：时代使命，国际镜鉴与中国方案 [J]. 武汉体育学院学报，2020, 54(10)：5-14.

[55] 国家体育总局，教育部. 关于印发《深化体教融合 促进青少年健康发展的意见》的通知 [Z]. 北京：国家体育总局、教育部，2020.

[56] 李爱群，吕万刚，漆昌柱，等. 理念、方法、路径：体教融合的理论阐释与实践探讨——"体教融合：理念·方法·路径"学术研讨会述评 [J]. 武汉体育学院学报，2020, 54(7)：5-12.

[57] 刘畅，王祁雅莉，蒋丽萍，等. 东京奥运会网球项目形势分析及备战策略研究 [J]. 广州体育学院学报，2018, 38(06)：98-100.

[58] 吕雪松，陈丽娟. 重庆市青少年网球运动发展现状调查研究 [J]. 西南师范大学学报（自然科学版），2018, 43(08)：77-82.

[59] 陈作松，吴瑛，缪律. 深化体教融合背景下我国运动员选材和培养的发展机遇与创新策略 [J]. 武汉体育学院学报，2021, 55(09)：74-78.

[60] 孙有平，柴广新. "体教融合"理念下的高校体育教学改革路径研究——评《新时期高校体育教学及其课程体系改革研究》[J]. 教育发展研究，2021, 41(10)：85.

[61] 李乐虎，王健，高奎亭，等. 深化体教融合背景下我国学校体育治理的现实困境与路径选择 [J]. 天津体育学院学报，2021(05)：520-527.

[62] 马玉芳,李勇.关于我国实施"体教融合"的体制难点及制度设计的研究[J].体育与科学,2014,35(03):88-92.

[63] 钱娅艳,张君.青少年体育教育中家庭与学校角色定位的困境与反思[J].当代体育科技,2021,11(11):20-23.

[64] 林进清."立德树人"背景下高校网球的育人价值研究[J].体育科技,2020,41(04):148-149.

[65] 刘海元,展恩燕.对贯彻落实《关于深化体教融合 促进青少年健康发展的意见》的思考[J].体育学刊,2020,27(6):1-11.

[66] 陈佳豪,文宽,徐飞.青少年身体素养与家庭教育、家长体育态度之间的关系研究[J].山东师范大学学报(自然科学版),2021,36(02):212-216.

[67] 吴彰忠,高治,王生有.湖北省城乡中小学学校体育参与者对学校体育认识差异化的研究[J].青少年体育,2020(07):134-136.

[68] 刘铭扬.体教融合视域下校园足球发展现状及趋势研究[D].扬州:扬州大学,2021.

[69] 毛振明,程天佐.理解体教融合新精神 思考学校体育新工作[J].体育教学,2020,40(10):13-14.

[70] 杨三军,刘波.冰雪运动进校园与体教融合的内在关联和经验借鉴研究[J].北京体育大学学报,2021,44(3):105-113.

[71] 钟秉枢.体教融合——开创学校体育工作认识新境界[J].体育教学,2020,40(10):1.

[72] http://www.sport.gov.cn/wqzx/n5342/c987789/content.html.

[73] http://www.sport.gov.cn/lqzx/n5306/c987477/content.html.

[74] http://www.sport.gov.cn/pqzx/n5317/c987543/content.html.

[75] http://www.moe.gov.cn/jyb_xwfb/s5147/201510/t20151013_212841.html.

[76] 柳鸣毅,丁煌.基于路线图方法的我国青少年校园足球治理体系研究[J].武汉体育学院学报,2017,51(1):33-46.

[77] 曹胜东.家庭体育对初中生体育行为影响的研究[D].南京:南京体育学院,2020.

[78] 郭守康.南京市高校网球资源利用效益的研究[D].南京:南京师范大学,2008.

[79] 林哲.河南省小学校园网球特色学校网球活动开展现状及对策研究[D].郑州:河南大学,2020.

[80] 侯闻迪.中国业余网球俱乐部联赛发展研究[D].南昌:南昌大学,2020.

[81] 王燕燕.后奥运时代中国群众网球运动发展研究[D].北京:北京体育大学,2012.

[82] 钟秉枢.体教融合背景下青少年体育赛事体系完善的路径研究[J].体育学研究,2020,34(5):13-20.

[83] 杨丽娜.西安市青少年校园足球"体教融合"实践状况及对策研究[D].西安:陕西师

范大学，2019.

[84] 侯亚琴. 我国青少年网球竞赛体系的发展及创新研究 [D]. 北京：首都体育学院，2019.

[85] 李良桃，杨剑，季浏. 基于胜任特征的中小学体育教师招聘五因素模型 [J]. 武汉体育学院学报，2014，48(04)：72-77.

[86] 问绍飞. 国家足球战略下江苏省高校校园足球师资培养教学现状研究 [J]. 体育科技，2019，40(04)：131-132.

[87] 贾镘琛. 上海市青少年网球后备人才多元化培养现状及影响因素研究 [D]. 上海：上海体育学院，2020.

[88] 吴健. 学校体育发展经费保障机制研究 [J]. 河南教育学院学报（自然科学版），2011，20(02)：71-74.

[89] 刘远花，吴西林. 德国青少年体育发展及竞技后备人才培养经验与启示 [J]. 首都体育学院，2014(04)：338-342.

[90] 朱康. 广州市义务教育阶段短式网球开展现状和发展策略研究 [D]. 广州：广州体育学院，2017.

[91] 蒋宏伟，尹树来. 对中国职业网球未来发展走向的思考 [J]. 成都体育学院学报，2019，45(2)：83-86.

[92] 杨国庆，刘宇佳. 论新时代体教融合的内涵理念与实施路径 [J]. 天津体育学院学报，2020，35(06)：621-625.

[93] 曲鲁平，孙伟，凌波，等. 体教融合视域下体育传统特色学校与青少年业余俱乐部协同发展联动机制的研究 [J]. 天津体育学院学报，2021，41(2)：1-9.

[94] 刘海东，李娜娜. 文化差异与主体认知：体教融合不可逾越的鸿沟 [J]. 体育与科学，2020，41(5)：36-42.